Barry T

CULTURE SMART!
ALEMANHA

Tradução
Celso R. Paschoa

1ª edição

Rio de Janeiro-RJ / Campinas-SP, 2014

Editora: Raïssa Castro
Coordenadora Editorial: Ana Paula Gomes
Copidesque: Maria Lúcia A. Maier
Revisão: Aline Marques
Projeto Gráfico: Bobby Birchall
Diagramação: André S. Tavares da Silva

Título original: *Culture Smart! Germany*

ISBN: 978-85-7686-301-4

Copyright © Kuperard, 2003
Todos os direitos reservados.

Culture Smart!® é marca registrada de Bravo Ltd.

Tradução © Verus Editora, 2014
Direitos reservados em língua portuguesa, no Brasil, por Verus Editora. Nenhuma parte desta obra pode ser reproduzida ou transmitida por qualquer forma e/ou quaisquer meios (eletrônico ou mecânico, incluindo fotocópia e gravação) ou arquivada em qualquer sistema ou banco de dados sem permissão escrita da editora.

Verus Editora Ltda.
Rua Benedicto Aristides Ribeiro, 55, Jd. Santa Genebra II, Campinas/SP, 13084-753
Fone/Fax: (19) 3249-0001 | www.veruseditora.com.br

Imagem da capa: © Travel Ink/Andrew Cowin
Imagens das seguintes páginas reproduzidas sob a licença Atribuição-CompartilhaIgual 3.0 Não Adaptada do Creative Commons: 113 © JuergenG; 129 © Arnoldius

CIP-BRASIL. CATALOGAÇÃO NA FONTE
SINDICATO NACIONAL DOS EDITORES DE LIVROS, RJ

T599a

Tomalin, Barry
Culture Smart! Alemanha / Barry Tomalin ; tradução Celso R. Paschoa. - 1. ed. - Campinas, SP : Verus, 2014.
il. ; 18 cm.   (Culture Smart! ; 6)

Tradução de: Culture Smart! Germany
Inclui apêndice
Inclui índice
ISBN 978-85-7686-301-4

1. Alemanha - Descrições e viagens - Guias. 2. Alemanha - Usos e costumes. I. Título. II. Série.

13-06865

CDD: 914.3
CDU: 913(4)

Revisado conforme o novo acordo ortográfico

Impressão e acabamento: Yangraf

Sobre o autor

BARRY TOMALIN é escritor e orientador inglês com formação em antropologia e linguística pela Universidade de Londres. É especialista na cultura empresarial da Alemanha, tendo trabalhado como consultor em cinco empresas alemãs, nas cidades de Munique, Berlim e Hamburgo. Autor de diversos livros sobre cultura e treinamento cultural, atualmente ele é um dos coordenadores do programa de mestrado em estudos culturais, mídia e tecnologia da Universidade de Westminster, em Londres.

Sumário

Mapa da Alemanha	7
Introdução	8
Dados importantes	10

Capítulo 1: NAÇÃO E POVO — 12
- Dados geográficos — 13
- Clima — 15
- O povo alemão: uma breve história — 16
- O povo alemão na atualidade — 29
- Cidades alemãs — 31
- O governo alemão — 32
- Influência americana — 34
- A Zona do Euro — 35

Capítulo 2: VALORES E ATITUDES — 36
- *Ordnung muss sein* — 37
- *Klarheit* — 39
- Verdade e dever — 41
- Dever (*Pflichtbewusstsein*) — 42
- A ética do trabalho — 45
- Autoridade e status — 47
- Privado e público — 48

Capítulo 3: COSTUMES E TRADIÇÕES — 50
- Feriados nacionais e religiosos — 50
- Feiras anuais — 59
- Comemorações em família — 60
- Celebrações históricas — 61
- Religião — 62

Capítulo 4: FAZENDO AMIGOS — 64
- Trabalho e vida social — 64
- Cumprimentos — 67
- *Du* e *Sie* — 68
- Cumprimentos em lojas — 68
- Atitude com estrangeiros — 69

- Associando-se a um clube 70
- Convites para ir à casa de amigos 70
- Diversão 71
- Presenteando 72
- Os modos fazem o homem 73

Capítulo 5: A CASA ALEMÃ 74
- *Heimat* 74
- Condições de vida 78
- Mobília 79
- Eletrodomésticos 80
- Identidade 81
- Vida diária e rotinas 82
- Laços e limites 83
- *Kinder, Küche, Kirche* 84
- Escolas e ensino 85
- TV e rádio 88
- Reclamações 90
- Você é *Stammtisch*? 91
- Alteração nos estilos de vida 92

Capítulo 6: ENTRETENIMENTO 94
- Compras 95
- Fechamento aos domingos 97
- Bancos 97
- Restaurantes, alimentos e bebidas 98
- Lazer 105
- Cultura erudita 106
- Cultura popular 108
- Atividades no campo 109
- Esportes 109

Capítulo 7: VIAGENS 112
- Bom senso no trânsito da Alemanha 114
- Se você for pego 116
- Beber e dirigir 117

Sumário

- Carros e carteiras de motorista — 117
- Pedestres — 118
- Trens — 119
- Transporte local — serviços de ônibus e bonde — 120
- Táxis — 121
- Onde se hospedar — 122
- Saúde e segurança — 123

Capítulo 8: RECOMENDAÇÕES NOS NEGÓCIOS — 126
- Etiqueta e protocolo no trabalho — 127
- Estilos de gerenciamento — 132
- Mulheres no comando — 134
- Liderança e tomada de decisões — 136
- Estilos de apresentação e escuta — 138
- Estilos de reuniões e negociações — 139
- Trabalho em equipe e gestão de desacordos — 143
- Conclusão — 147

Capítulo 9: COMUNICAÇÃO — 148
- Idioma — 148
- Fazendo contato — 149
- Telefones — 150
- Correio — 152
- Estilos de comunicação — 153
- Perdas na tradução — 155
- Seriedade e humor — 157
- Análise e detalhes — 158
- Honra — 159
- Conversação — 161
- Linguagem corporal — 161
- Conclusão — 163

Apêndice: Vocabulário básico — 164
Leitura recomendada — 165
Índice remissivo — 166

Mapa da Alemanha

Introdução

Os guias desta série são escritos por pessoas que desejam mais do que apenas conhecer os aspectos gerais de onde ficar, o que visitar e como viajar. Eles lidam com a dimensão humana, altamente compensadora, das viagens ao estrangeiro, informando você sobre as crenças e atitudes das pessoas que vai conhecer e das situações que poderá enfrentar. Também o ajudam a entender o que motiva os habitantes de determinado lugar, os valores pelos quais eles regem a vida e o tipo de comportamento que você deve ter para gerar neles boa vontade e hospitalidade.

A Alemanha é uma nação que, sob muitos aspectos e apesar das aparências, opera de um modo muito distinto de outros países europeus. Entender a natureza dessas diferenças vai ajudar você a manter bons relacionamentos com as pessoas que conhecer.

Uma abordagem informada e solidária é particularmente valiosa se você estiver visitando a Alemanha por mais tempo e precisar entender como os alemães vivem e trabalham. Com capítulos sobre valores centrais e atitudes sociais, e uma descrição detalhada e prática das relações de negócios, este guia oferece uma contribuição significativa sobre o estilo de vida alemão. Ele conta a você que tratamento esperar, quais armadilhas evitar e como criar entrosamento e credibilidade com esse povo.

Há não muito tempo, a Alemanha reuniu com sucesso suas duas metades, divididas pelos poderios aliados após a devastação da Segunda Guerra Mundial. A reabsorção, após mais de cinquenta anos de domínio comunista, do que era a República Democrática Alemã pela República Federal da Alemanha, adepta do livre mercado e do sistema liberal, é um tributo à determinação, à prosperidade e ao talento organizacional alemães. Apesar dos períodos de baixa econômica e da dolorosa reestruturação, a Alemanha atualmente é um dos países mais importantes do mundo no que se refere à economia e à diplomacia.

A beleza do país e a hospitalidade de seu povo atraem visitantes do mundo todo. Este guia vai lhe mostrar como ser um convidado agradável e sensível. O povo alemão tem um forte senso de responsabilidade social, e as diretrizes aqui encontradas permitirão que você se ajuste às regras sociais e às regulações segundo as quais eles vivem a fim de garantir um estilo de vida equilibrado e harmonioso.

Este guia o ajudará a extrair o máximo de sua visita, abrindo-lhe portas e o conduzindo a manter um relacionamento duradouro com esse povo culturalmente rico e diversificado do coração da Europa.

Desfrute a jornada!

Dados importantes

Nome oficial	República Federal da Alemanha	A Alemanha é membro da Otan e da União Europeia
Capital	Berlim	
Principais cidades	Berlim, Hamburgo, Munique, Colônia, Frankfurt am Main	
Área	356.974 km²	
Clima	Temperado	
Moeda	Euro	A Alemanha é membro da Zona do Euro desde 1º de janeiro de 2002
População	82 milhões	O país mais populoso da Europa moderna
Composição étnica	Alemães, 91,5%; outros, 8,5%	Outras nacionalidades vivendo no país incluem turcos, imigrantes da ex-Iugoslávia, italianos, gregos e outros
Composição familiar	O tamanho médio das famílias é de 2,7 pessoas. O número médio de filhos por família é de 1,7	
Idioma	Alemão	As línguas de minorias dinamarquesas, frísias e sérvias (bálticas/eslavas) são faladas no norte do país

Religião	Luteranos, 38%; católicos apostólicos romanos, 34%; muçulmanos, 1,7%; outros, 26,3%	Todas as pessoas pagam uma taxa (*Kirchensteuer*) de 4% da renda
Governo	A Alemanha é uma república federal com dezesseis estados (*Länder*). A sede do governo é na capital, Berlim. Há um chefe de Estado e um chefe de governo eleitos. Há duas casas parlamentares, o *Bundestag* e o *Bundesrat*. A Alemanha é uma democracia com seis partidos políticos no *Bundestag*	
Mídia	A ARD é a rede nacional de rádio e TV, compreendendo as rádios e as TVs estatais da Baviera e do norte e sul alemães. Há numerosas estações locais e estações comerciais via satélite. Entre as diversas publicações nacionais e regionais, o jornal *Frankfurter Allgemeine Zeitung* e a revista *Der Spiegel* são duas das mais respeitadas	
Mídia de língua inglesa	O site do *Frankfurter Allgemeine Zeitung* tem notícias locais e internacionais em inglês	
Eletricidade	220 volts, 50 Hz	São usados plugues de dois pinos
Vídeo/TV	Sistema Pal-B	O sistema de TV NTSC não funciona no país
Domínio na internet	.de	
Telefone	O código identificador da Alemanha é 49	Para fazer ligações para o exterior, disque 00. Empresas privadas podem ter códigos especiais
Fuso horário	UTC/GMT + 1 hora; no verão, UTC/GMT + 2 horas	

Capítulo **Um**

NAÇÃO E POVO

Os 82,1 milhões de habitantes da República Federal da Alemanha ocupam um território de 356.974 km² no coração da Europa. Mesmo não sendo o maior país europeu, é a força motriz da União Europeia. A Alemanha é um lugar lindo, diversificado e fascinante para morar, trabalhar ou visitar. O impacto que acadêmicos, cientistas, artistas, músicos, filósofos e políticos alemães vêm exercendo na cultura europeia tem sido profundo, influenciando muito o modo de pensar e agir do mundo moderno.

Embora o país tenha se estabelecido há milhares de anos, ele se tornou uma entidade política única apenas em 1871, quando foi unificado sob o comando de Guilherme I da Prússia, por intermédio do estadista Otto von Bismarck. Quem, então, é o povo alemão? De onde ele veio e como é atualmente? Um bom meio de começar é analisando a terra que o modelou.

DADOS GEOGRÁFICOS

A Alemanha ocupa uma posição essencial na Europa Central, delimitada a norte pelo mar do Norte, Dinamarca e mar Báltico; a leste pela Polônia e República Tcheca; a sul pela Áustria e Suíça; e a oeste pela França, Luxemburgo, Bélgica e Holanda. A grande quantidade de territórios fronteiriços sempre criou um problema no que diz respeito à segurança do país e, com o deslocamento histórico das fronteiras, populações de fala germânica se viram periodicamente incorporadas por outros países. Isso é particularmente verdadeiro na região alsaciana da França e nas áreas de fala germânica da Suíça. Até a unificação, em 1871, a palavra "Alemanha" era um mero termo geográfico, referindo-se a uma área ocupada por pequenos estados, governados por padres e príncipes, e durante grande parte de sua história dominada por Roma e pelo Sacro Império Romano.

A Alemanha tem grande variedade de paisagens e três principais tipos de relevo: a planície ao norte, os planaltos na área central e uma região montanhosa ao sul. As planícies incluem diversos vales de rios e uma extensa região de charnecas (o Lüneburger Heide, o parque nacional mais antigo da Alemanha).

No nível marítimo, na costa dos mares Báltico e do Norte, há dunas de areia, pântanos e diversas ilhas, incluindo as Frísias do Norte, as Frísias do Sul, além de Rügen e Heligolândia. A parte leste da planície alemã, celeiro do país, é rica em terras aráveis. Entre Hanôver, no norte, e o rio Main, no sul, estão planaltos com montanhas baixas, vales e bacias hidrográficas. As montanhas incluem as cordilheiras Taunus e Spessart, e a Fichtelgebirge, no leste.

A parte da Alemanha mais conhecida dos visitantes provavelmente é a região montanhosa sudoeste, que abrange a Floresta Negra (*Schwarzwald*), berço do famoso *Schwarzwälderkirschtorte* (bolo de chocolate, chantili, *kirsch* e cereja, conhecido no Brasil como bolo floresta negra). No extremo sul, encontram-se os Alpes Bávaros, com o pico mais alto do país, o Zugspitze, de 2.962 metros.

Outra característica importante do relevo alemão são seus rios. O mais importante é o Reno, que nasce na Suíça e flui ao longo da fronteira com a França antes de entrar propriamente na Alemanha e acabar desaguando no mar do Norte, passando pela Holanda. O Reno é uma rede importante de transporte fluvial e também palco de alguns dos cenários mais lindos do país. Majestosos castelos-fortalezas guardam suas margens. Vinhedos descem em cascatas pelas escarpas montanhosas em direção ao rio e seus afluentes — o Mosela e o Neckar —, produzindo as uvas que dão origem aos rieslings e outros vinhos brancos pelos quais a Alemanha é tão famosa. O Ruhr, centro tradicional da indústria alemã, é também um afluente do Reno. O Elba nasce na República Tcheca e flui para noroeste pelo planalto alemão rumo ao mar do Norte, e o

Danúbio (em alemão, *Donau*) nasce nas encostas ocidentais da Floresta Negra e flui para leste antes de entrar na Áustria. Os rios Oder e Neisse formam a fronteira com a Polônia, no leste. Outros rios importantes são o Main, o Weser e o Spree.

Há muitos lagos extensos na planície nordeste, mas os do sul montanhoso são os que mais impressionam. O mais famoso deles é o lago Constance (*Bodensee*).

Cerca de 30% da região rural é composta de bosques intactos. A agricultura representa atualmente uma parcela menor da economia alemã, consistindo essencialmente de pequenas propriedades administradas por indivíduos, muitos dos quais exercem outros trabalhos. Cerca de 6% da população está empregada na agricultura.

Assim, a Alemanha, historicamente e hoje, é um ponto focal da interação europeia, tanto por seus nove estados limítrofes como pelos cursos de água que transportam mercadoria de todas as partes da Europa para os portos dos mares Báltico e do Norte.

CLIMA

O clima da Alemanha é temperado e oceânico. As planícies do norte são ligeiramente mais quentes que o sul montanhoso, onde há maiores precipitações de chuva e neve. A precipitação média de chuva é de 600 a 700 mm ao ano. As temperaturas oscilam de -6 °C nas montanhas e 1,5 °C nas planícies, no inverno, a 18 e até 20 °C nos vales, no verão.

O *Föhn*
Uma característica peculiar do clima alpino na região sul da Alemanha é o *Föhn*. Trata-se de um vento quente e seco que sopra descendentemente pela encosta, a sotavento das montanhas. À medida que o ar úmido ascende pelo lado a barlavento, ele resfria e perde a umidade. Quando descende, se aquece por causa do aumento da pressão e pode provocar uma elevação de até 5 °C na temperatura num curto período. O *Föhn* traz um clima claro e quente e é, de modo geral, marcado por lindos crepúsculos. Espere por mudanças atmosféricas bruscas.

O POVO ALEMÃO: UMA BREVE HISTÓRIA
Todo país tem seu mito fundador. No Reino Unido, é a história dos celtas, do rei Artur e da misteriosa terra de Avalon. Nos Estados Unidos, é a história dos Pais Fundadores. O historiador romano Tácito, que admirava a região, foi quem deu o nome "Germânia" ao território que mais tarde se tornaria a Alemanha.

Os primeiros germânicos eram caçadores-coletores que, provavelmente, migraram para

oeste e para sul vindos da Ásia e do nordeste da
Europa e se estabeleceram na área do rio
Danúbio, em torno de 2.300 a.C. Eles parecem ter
chegado em duas levas principais. Os primeiros
eram povos celtas que cultivavam alimentos,
criavam gado e comercializavam com seus
vizinhos do Mediterrâneo.

Achados arqueológicos
sugerem que esses povos
estavam entre os primeiros
que desenvolveram a
mineração de cobre e estanho
e que fabricaram
implementos e recipientes de
bronze. Levas posteriores,
provavelmente originárias do
sul da Rússia, migraram para
as regiões norte e central da Alemanha. Estes são
os verdadeiros ancestrais dos povos de língua
germânica. Eles introduziram o uso do ferro,
desenvolveram ferramentas e armas metálicas e,
por fim, absorveram os povos da já existente
cultura celta da Idade do Bronze.

As tribos germânicas se disseminaram pela
fronteira nordeste do Império Romano e se
tornaram os oponentes mais ferozes de Roma.
Um mito fundador da Alemanha é a famosa
vitória sobre as legiões romanas por Hermann (ou
Armínio), comandante da tribo dos queruscos, na
Batalha da Floresta de Teutoburgo, em 9 d.C. Essa
floresta permanece sagrada para os alemães até os
dias de hoje.

O filme *Gladiador*, como talvez você se lembre, começa com uma batalha travada pelo Exército romano, sob o comando do imperador Marco Aurélio (161-180 d.C.), contra as hordas germânicas invasoras. À medida que o poder romano declinava, as tribos germânicas avançavam. Por fim, elas saquearam Roma em 410 d.C.

O Império Carolíngio

A história da Alemanha se inicia com as conquistas do rei franco Karl der Grosse, conhecido em português como Carlos Magno, que obteve sucesso em um curto período de tempo na consolidação das tribos germânicas, na conversão de pagãos e na imposição da ordem em toda a Europa continental. Sua capital, em Aachen, na Renânia do Norte-Vestfália, tornou-se o centro de um renascimento do aprendizado. Ele também promoveu a língua franca.

Durante o primeiro milênio da Era Cristã, as fronteiras europeias eram fluidas, determinadas primeiramente pelas necessidades do Império Romano e, posteriormente, influenciadas pelos casamentos dinásticos e pela Igreja. Com o colapso do Império Romano do Ocidente, a Igreja em Roma se tornou a única herdeira e transmissora da cultura e da legitimidade imperiais. Carlos Magno, como defensor do cristianismo, reativou o título de "imperador romano" e, em 800 d.C., foi coroado sacro imperador romano pelo papa Leão III, em Roma.

A nova linhagem de imperadores romanos que ele inaugurou durou por mais de um milênio, embora eles raramente tenham tido qualquer poder fora das fronteiras da Alemanha. Após sua morte, o império que ele havia criado começou a se fragmentar, em parte por causa das peculiares leis germânicas de herança, que dividiam as terras igualmente entre os filhos. No entanto, uma série de reis germânicos poderosos tentou converter o Império Romano do Ocidente em realidade, o que os levou a entrar em conflito com os papas e com as novas cidades-Estado da Itália. Essa luta se tornou um fator muito importante na história política da Idade Média. Durante essa era, os príncipes germânicos consolidaram a posse de suas propriedades, mantidas originalmente como feudos concedidos pelo sacro imperador romano. Gradualmente, esses principados se tornavam mais independentes e se uniam para eleger um de sua classe como imperador na morte de seu predecessor. No século XVI, o título se tornara hereditário e passara a uma única dinastia germânica — a Casa de Habsburgo, ou Casa da Áustria. Após a Guerra dos Trinta Anos

(1618-1648), ocorrida entre protestantes e católicos na Europa Central, a autoridade do sacro imperador romano na Alemanha foi grandemente reduzida.

O que reconhecemos hoje como Alemanha era, assim, um mosaico de pequenos principados, ducados e reinados autônomos, além de algumas cidades livres, que deviam certa lealdade ao imperador. A situação durou até que o Sacro Império Romano foi dissolvido por Napoleão, em 1806.

Algumas cidades germânicas adquiriram status especial. Entre elas, estavam principalmente os membros da Liga Hanseática, confederação medieval das cidades alemãs do norte, com monopólio sobre o comércio dos mares Báltico e do Norte. As cidades da hansa, que incluíam Bremen, Hamburgo e Lübeck, faziam negócios no estrangeiro e tinham um papel comercial primordial na economia, essencialmente agrícola.

A Reforma

Em 1517, o monge agostiniano Martinho Lutero iniciava a Reforma Protestante na Alemanha ao protestar publicamente contra a venda de indulgências (promessas que libertavam as pessoas de todos os seus pecados) por parte do Vaticano. Seus protestos encontraram eco em muitos dos principados germânicos do norte, e uma série deles adotou a religião luterana protestante.

Interesses econômicos, políticos e religiosos logo se entrelaçaram. No século seguinte, os eleitores do Sacro Império Romano estavam profundamente divididos entre católicos e protestantes. Uma revolta conduzida por nobres boêmios (tchecos) contra a ascensão do primo do imperador de Habsburgo, Fernando II, ao trono da Boêmia logo inflamou um conflito mais amplo. Fernando se tornou imperador do Sacro Império Romano no ano seguinte, e a Guerra dos Trinta Anos, que resultou dessa situação, envolveu a Alemanha, a Áustria, a Suécia, a Holanda e a França. Um legado da disputa entre os estados católicos e protestantes é a divisão atual entre o norte do país, essencialmente protestante, e o sul, essencialmente católico.

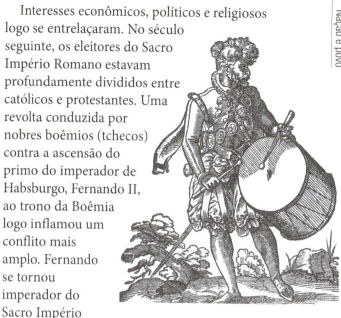

A ascensão da Prússia

A ascensão da Prússia é crucial para entender o desenvolvimento da Alemanha moderna. Oficialmente abolido em 1947, na divisão pós--guerra da Alemanha, o Estado prussiano personificava muito do que parece essencialmente alemão — disciplina, eficiência, militarismo e o domínio da classe aristocrática dos *Junkers*. Surpreendentemente, a Prússia emergiu relativamente tarde na história alemã. Situada a nordeste da Alemanha, do século XIII ao XVI era uma faixa de terra desolada e subdesenvolvida, um pouco parecida com o Oeste americano no início do século XIX, e habitada por tribos pagãs lituanas e prussianas. Ela foi formada e governada pelos Cavaleiros Teutônicos, ordem pertencente aos monges militares, uma ramificação dos Cavaleiros Templários, cuja missão era converter o povo báltico ao cristianismo. No seu auge, eles controlavam uma região do tamanho da Grã--Bretanha a partir de sua capital, Marienburg, hoje Malbork, na Polônia.

Os Cavaleiros Teutônicos foram amplamente derrotados por um exército lituano--polonês na Batalha de Tannenberg, em 1410. Em 1525, sob a influência de Martinho Lutero, o último grão-mestre dos Cavaleiros, príncipe Alberto de Hohenzollern, se converteu ao protestantismo e a Ordem foi secularizada. Os

membros começaram a se casar e a possuir terras, e logo foi instaurada uma nova aristocracia militar. No mesmo ano, Alberto transformou a Prússia em um ducado hereditário que devia soberania à Polônia. Em 1618, a Prússia passou por herança aos eleitores de Brandemburgo da Casa de Hohenzollern, que consolidaram e expandiram seu poder. A soberania polonesa foi anulada por Frederico Guilherme, o Grande Eleitor, e assim nasceu um novo e vigoroso poder, cuja classe *Junker*, ou nobre, foi fundamentada numa longa tradição marcial.

A Prússia se tornou um reino em 1701 e ascendeu à proeminência internacional no século XVIII, sob o comando de Frederico II, conhecido como o Grande, que montou um exército de tal eficiência e poder que seus soldados foram decisivos na manutenção do equilíbrio de poderes na Europa. Por exemplo, na Batalha de Waterloo contra Napoleão, em 1815, foram as tropas prussianas do general Blücher que mudaram o rumo da batalha em favor dos Aliados. A reação nacionalista à criação do Império Napoleônico foi o estopim para a reforma social e administrativa interna e para a regeneração da Prússia.

Após a derrota de Napoleão, os vitoriosos Aliados criaram uma nova Confederação Germânica para preencher o vazio deixado pela destruição do Sacro Império Romano. Essa associação de Estados foi dominada pela Áustria até depois de 1848. Em meados do século XIX, no entanto, a Prússia tinha emergido como o Estado germânico mais poderoso e um rival mortal da Áustria.

O objetivo da Prússia, plano de seu chanceler, príncipe Otto von Bismarck, era unificar a nação germânica sob sua liderança. A política da Áustria era controlar uma Germânia dividida. O fator determinante foram a força e a organização do Exército prussiano, e a batalha decisiva ocorreu em 1866.

Outro grande rival da Prússia na Europa era a França, e, em 1870, Bismarck obteve sucesso em manipular o imperador francês Napoleão III para a declaração da guerra. Após infligir uma derrota humilhante aos franceses em 1870, um ano depois Bismarck declarou o Kaiser Guilherme I imperador da Alemanha unificada, com a capital em Berlim, em uma cerimônia histórica na Galeria dos Espelhos do Palácio de Versalhes.

O novo Império Alemão tinha pouca experiência democrática, mas grande experiência no que se referia à organização militar e de campanhas. A enorme energia e o poder organizacional da Alemanha ficaram logo evidentes pela rapidez de sua industrialização — em 1900, a produção industrial alemã atingiu números semelhantes aos do Reino Unido e depois dos Estados Unidos, líderes no setor nos 150 anos anteriores. Bismarck, o arquiteto da unificação alemã, passou a ser o primeiro chanceler do Império, mas posteriormente foi derrubado pelo sucessor do Kaiser, Guilherme II, que precipitou a Primeira Guerra Mundial (1914-1918), a qual não incluiu somente a Europa, mas também as tropas americanas, que combatiam pela primeira vez em continente europeu.

A República de Weimar

A ira com a Alemanha por essa nação ter causado a Primeira Guerra Mundial levou os Aliados vitoriosos a impor indenizações substanciais, enquanto recuavam as fronteiras alemãs àquelas pré-1914. Em 1919, uma Assembleia Nacional Constituinte realizada em Weimar, no rio Elba, elaborou uma nova Constituição democrática. Poder-se-ia argumentar que a jovem República de Weimar nunca teve muita chance, espremida como estava entre as demandas agressivas de um Partido Comunista (disparado pelo recente sucesso da Revolução Russa de 1917), à esquerda, e a ascensão do Nacional-Socialismo (estimulado pelo ressentimento em relação ao peso injusto das reparações, à perda de territórios alemães e ao deslocamento social trazido pela Grande Depressão do início dos anos 1930), à direita.

O Partido Nacional-Socialista, ou Nazista, venceu as eleições de 1932 com 37,3% dos votos, e em 1933 seu líder, Adolf Hitler, foi nomeado chanceler e chefe de Estado do Terceiro Reich Alemão.

O Terceiro Reich

Hitler perseguiu agressivamente seu objetivo de tornar a Alemanha novamente poderosa ao consolidar o Exército, a Marinha e a Aeronáutica do país e buscar reverter as perdas territoriais da Primeira Guerra Mundial. A anexação da Renânia foi seguida pela invasão da Áustria, da região dos montes Sudetos e do restante da Tchecoslováquia. Massacrando impiedosamente toda oposição interna, ele criou uma ditadura totalitária que doutrinou o público com a ideologia nazista e começou a realizar seu sonho de criar uma nação ariana, de raça pura, fazendo uso da força contra grupos "indesejados" — não apenas dissidentes, mas também romenos, russos, prostitutas, homossexuais e, acima de tudo, judeus. Em 1939, empolgado com seus primeiros sucessos, ele afundou a Alemanha novamente na guerra ao invadir a Polônia.

Durante a Segunda Guerra Mundial, os nazistas se engajaram em trabalho escravo, pilhagens e extermínio em massa, construindo campos de concentração por toda a Europa Central e Oriental. No Holocausto, entre 1939 e 1945, aproximadamente seis milhões de judeus europeus morreram nos campos de concentração, bem como milhões de outros grupos.

A Alemanha pós-guerra

Em 1945, após seis anos de guerra generalizada, a Alemanha foi completamente derrotada, e econômica e politicamente destruída. O país foi ocupado pelas quatro principais potências aliadas — Estados Unidos, Reino Unido, França e União Soviética —, e sua capital, Berlim, ficou sob o domínio dessas potências. Em 1948, diferenças entre a Rússia e as potências ocidentais provocaram a fragmentação da maquinaria conjunta aliada para o controle da Alemanha, e a União Soviética impôs um bloqueio sobre Berlim, fechando todas as rotas terrestres vindas do Ocidente. No que ficou conhecido como Ponte Aérea de Berlim, de junho de 1948 a setembro de 1949, os americanos e os britânicos transportaram 2,25 milhões de toneladas de suprimentos para a cidade sitiada, por um corredor aéreo de 37 quilômetros de largura, até que os soviéticos foram obrigados a recuar.

Em 1949, o país foi dividido em República Federal da Alemanha, democrática, ocidental, com a capital na cidade universitária de Bonn, e República Democrática Alemã, comunista, com a capital em Berlim Oriental. A própria Berlim permaneceu dividida em zonas controladas pelas potências ocupantes, sendo ligada à Alemanha Ocidental por um corredor aéreo e terrestre. Ela continuou sendo um ponto crítico na Guerra Fria entre o Ocidente e a União Soviética, e foi palco de muitas histórias de espionagem contadas por romancistas como John le Carré e Len Deighton. Um levante em Berlim Oriental foi suprimido pelas tropas soviéticas em 1953. Em 1955, a Alemanha Ocidental se tornou membro da Otan, e a Alemanha Oriental aderiu ao Pacto de

Varsóvia. Em 1961, o regime comunista ergueu o Muro de Berlim para evitar que seus cidadãos emigrassem para Berlim Ocidental. Os fugitivos eram abatidos a tiros no ato.

O Milagre Econômico

Os principais incentivos para os potenciais emigrantes eram o clima de liberdade e o padrão de vida muito superior na Alemanha Ocidental. A república socialista da Alemanha Oriental apresentava uma economia estagnada. O Plano Marshall, plano pós-guerra de longo prazo formulado pelos Estados Unidos para ajudar a Alemanha Ocidental, permitiu que ela recriasse sua base industrial. O sucesso foi de tal monta que, sob o primeiro governo pós-guerra, do chanceler Konrad Adenauer, o nível de produção da Alemanha Ocidental superou rapidamente os números de qualquer outro país europeu. Em 1956, a Alemanha Ocidental se tornou um dos membros fundadores da Comunidade Econômica Europeia.

A reunificação alemã

O Estado alemão oriental — modelado e dominado pela União Soviética — controlava a vida de seus cidadãos com mãos de ferro. Encorajados pelo relaxamento do regime comunista soviético representado pelo secretário-

-geral Mikhail Gorbachev, na década de 1980 os alemães orientais começaram a buscar novas rotas de fuga para o Ocidente, pela Hungria e pela Áustria. O vazamento se tornou uma enxurrada quando, em 9 de novembro de 1989, o Muro de Berlim foi drasticamente rompido e, em seguida, derrubado. Com o colapso sem sangue do regime da Alemanha Oriental, as duas Alemanhas foram reunidas na República Federal da Alemanha em outubro de 1990, e a capital foi transferida de Bonn para Berlim.

O POVO ALEMÃO NA ATUALIDADE

Atualmente, a Alemanha ainda luta para integrar suas duas comunidades e regenerar a parte oriental, trazendo-a aos padrões econômicos da parte ocidental. Berlim se tornou novamente a capital de uma nação unificada, e os cinco novos estados (*neue Länder*), como são conhecidos os estados da Alemanha Oriental, estão se tornando progressivamente parte da ordem geral alemã. Esta tem sido uma tarefa heroica e difícil, que tem provocado problemas econômicos e sociais de grandes proporções. Os cidadãos da Alemanha Oriental foram durante anos excluídos das mudanças ocorridas na Europa Ocidental, e pode haver tensões entre os *Ossies* (orientais), que muitas vezes se sentem em desvantagem em relação aos benefícios dos *Wessies* (ocidentais). Os cinco estados *Ossies* são Mecklemburgo, Brandemburgo, Saxônia, Alta Saxônia e Turíngia.

Apesar de tudo, a Alemanha é uma comunidade étnica marcadamente coesa, em que 91% da população é composta de alemães nativos. No entanto, os *Gastarbeiter*, ou "trabalhadores convidados", são uma minoria crescente. Cada vez mais, a Alemanha é lar de refugiados da Europa Central e dos Bálcãs. O motorista de táxi que o atender pode ser do Irã, do Kosovo ou da própria Alemanha.

A divisão leste-oeste tende a desaparecer à medida que haja um nivelamento entre os estilos de vida e os padrões econômicos, mas o contraste entre os estados do norte e do sul permanece. Não há uma linha clara de divisão, mas é perto de Frankfurt que começam os estados sulistas. Há distinções menores na pronúncia e no vocabulário, mas as mais importantes residem na religião e no estilo de vida. O norte é protestante e de pessoas que trabalham com afinco, sendo extremamente estruturadas e formais; o sul é amplamente católico e relativamente mais relaxado e descontraído.

Como a Alemanha é essencialmente regional, com cada estado tendo seu próprio governo e legislatura e enviando delegados para o *Bundestag* (Parlamento) em Berlim, não há grande rivalidade entre o norte e o sul, tal como você poderia encontrar nos Estados Unidos ou no Reino Unido, mas você vai notar diferenças marcantes no estilo de vida dessas regiões, e um alemão pode se identificar como nativo de uma região particular, em vez de simplesmente como alemão.

CIDADES ALEMÃS

Até 1989, Bonn, cidade universitária próxima de Colônia, era a capital da Alemanha Ocidental, e o setor oriental de Berlim era a capital da Alemanha Oriental. Após a reunificação, o governo federal começou um movimento gradual de retorno para Berlim, processo concluído em 2003. Além de Berlim, a capital, e de Hamburgo, o principal porto marítimo, as principais cidades alemãs estão essencialmente nos planaltos e no sul. Munique (*München*) é um importante centro comercial e cultural; Colônia (*Köln*), uma cidade industrial com uma famosa catedral; e Heidelberg, uma influente cidade universitária. Essen é a capital do aço alemã, situada às margens do rio Ruhr; Dortmund é o centro de mineração de carvão; e Stuttgart, no sul, um importante centro comercial e industrial, além de ser o berço da Daimler Benz. (A Volkswagen está sediada em Wolfsburg, e a BMW, em Munique.) Düsseldorf é um centro comercial e de moda. Leipzig, uma das mais antigas cidades universitárias e grande centro de negócios, isolada durante anos na Alemanha Oriental, está atualmente recuperando sua proeminência. E Frankfurt am Main é um dos maiores centros financeiros do mundo.

Uma das características das cidades alemãs é que elas, de modo geral, são cercadas de florestas.

Se você sobrevoar Frankfurt, ficará impressionado com a quantidade de pinheiros e de bosques. A Alemanha é um dos países mais ecologicamente corretos da Europa, para não dizer do mundo. A combinação entre o forte caráter regional, as limitadas populações locais e os subúrbios arborizados confere a sensação de um país espaçoso.

O GOVERNO ALEMÃO

A Alemanha é uma federação dividida em dezesseis estados (*Länder*) com considerável autonomia. A Constituição governante do país, estabelecida em 1949 e desde 1990 modificada para incluir os estados da Alemanha Oriental, é a Lei Fundamental, ou *Grundgesetz*. Ela promove uma Constituição federal com um presidente como chefe de Estado, eleito por um período de cinco anos para ambas as casas do *Bundestag*.

O Parlamento contém duas casas com 656 membros. Na câmara baixa, o *Bundestag*, os membros são eleitos para um período de quatro anos. A câmara alta, o *Bundesrat*, é composta de representantes dos *Länder*. Cada estado tem até seis cadeiras, dependendo de sua população.

O presidente é responsável por indicar o chanceler, cuja nomeação deve ser ratificada por ambas as casas do Parlamento. O chanceler ocupa o cargo por quatro anos e indica seus ministros, que também precisam ser ratificados pelo Parlamento.

Estado	Capital	Característica
Schleswig-Holstein	Kiel	Norte
Mecklemburgo-Pomerânia Ocidental (*Mecklenburg-Vorpommern*)	Schwerin	Norte
Hamburgo	Hamburgo	Uma das três cidades-Estado do Norte
Bremen	Bremen	Uma das três cidades-Estado do Norte
Renânia do Norte-Vestfália (*Nordrhein-Westfalen*)	Düsseldorf	Norte
Baixa Saxônia (*Niedersachsen*)	Hanôver	Norte
Brandemburgo	Potsdam	Norte
Berlim	Berlim	Uma das três cidades-Estado do Norte
Saxônia (*Sachsen*)	Dresden	Norte
Renânia-Palatinado (*Rheinland-Pfalz*)	Mainz	Sul
Sarre (*Saarland*)	Saarbrücken	Sul
Hesse (*Hessen*)	Wiesbaden	Sul
Alta Saxônia (*Sachsen-Anhalt*)	Magdeburgo	Norte
Turíngia (*Thüringen*)	Erfurt	Sul
Baden-Württemberg	Stuttgart	Sul
Baviera (*Bayern*)	Munique (*München*)	Sul

A Alemanha é uma democracia multipartidária. Se um candidato conseguir obter 5% dos votos numa eleição, ele poderá ocupar uma cadeira no *Bundestag*. Os principais partidos políticos são:

União Democrata-Cristã (CDU)
Partido de centro-direita, fundado pelo dr. Konrad Adenauer após a Segunda Guerra Mundial. Tradicionalmente o partido dos agricultores e dos homens de negócios, assemelha-se ao Partido Republicano norte-americano e ao Partido Conservador britânico.

Partido Social-Democrata da Alemanha (SPD)
Partido de centro-esquerda, é o mais antigo da Alemanha, com raízes na política da classe trabalhadora. Atualmente, é o partido dos trabalhadores assalariados e dos profissionais liberais. Seu primeiro líder a se tornar chanceler foi o ex-prefeito de Berlim, Willy Brandt. É o partido dos valores liberais e assemelha-se ao Partido Democrata norte-americano e ao Partido Trabalhista britânico.

União Social-Cristã (CSU)
Partido de centro-direita, em geral considerado o equivalente bávaro do CDU, do qual é aliado.

Partido Democrático Liberal (FDP)
Partido de centro, é uma agremiação menor, com valores politicamente progressistas, mas economicamente conservadores. Forma coalizões com o CDU ou o SPD.

A Esquerda (Die Linke)
Fundado a partir da fusão do Partido do Socialismo Democrático (ex-Partido Comunista, que governou a Alemanha Oriental antes de sua reintegração à República Federal Alemã, em 1990) com o WASG (Alternativa Eleitoral para o Trabalho e a Justiça Social). Seus membros tendem a ser principalmente alemães orientais, e sua principal função é representar os interesses da Alemanha Oriental no *Bundestag*. É o quarto maior partido no Parlamento.

Os Verdes/Aliança 90
São os partidos ecológicos e contrários às políticas nucleares. Conquistaram sua primeira cadeira no *Bundestag* em 1983. O Partido Verde manteve suas cadeiras no Parlamento graças à coalizão com o Aliança 90, defensor dos direitos civis, que fez campanha pela reunificação da Alemanha.

INFLUÊNCIA AMERICANA

O impacto cultural e político dos Estados Unidos na Alemanha moderna tem sido profundo.

Graças à sua posição de linha de frente na Guerra Fria, as tropas americanas deixaram o solo alemão somente em 1993. Uma influência pouco reconhecida, mas formativa, foi a da ASFN, a estação de rádio da Rede das Forças Americanas, que transmitia música pop norte-americana e notícias para os recrutas americanos e também para os alemães. Duas gerações de alemães ocidentais se criaram ouvindo clássicos do pop e do rock norte-americanos.

A ZONA DO EURO

Como membro da União Europeia e da Zona do Euro (a Alemanha substituiu o marco pelo euro), o governo alemão também é responsável pelo apoio às leis europeias, bem como pela elaboração de suas próprias leis.

Atualmente, a Alemanha é uma das principais potências industriais europeias, firmemente comprometida com a democracia, e uma influência de peso no desenvolvimento da Europa Central e do Sul pós-comunista. Os investimentos alemães nos antigos países da União Soviética e nos Bálcãs são maiores que os de qualquer outro país europeu, exceto a Rússia. Acima de tudo, a Alemanha está profundamente comprometida com o desenvolvimento de uma Europa unida, tanto política como economicamente, dispensando energia e recursos consideráveis para esse fim.

Capítulo **Dois**

VALORES E ATITUDES

Os valores compartilhados e as atitudes de uma nação determinam sua estrutura econômica, política e social, assim como o comportamento de seus cidadãos. O que os alemães priorizam como valores centrais difere geralmente do que, digamos, os americanos ou os britânicos priorizariam, mesmo que um número considerável desses valores tenha pontos em comum. Como, então, saber o que move o povo alemão? O que o faz se comportar de determinada maneira, tanto nos negócios como na vida em sociedade?

Uma das primeiras coisas que nos vêm à cabeça quando pensamos nos alemães é a noção de eficiência e organização. Esses não são termos que alguém normalmente associaria ao caráter nacional de um povo, então de onde vem essa percepção? Para qualquer lugar a que você for na Alemanha, vai encontrar alto grau de arrumação e organização, perceptível até o último detalhe. No entanto, os alemães não pensam nesses termos, mas em termos de ordem. Eficiência e organização são os subprodutos da busca pela ordem. A ordem é um valor alemão fundamental e permeia tudo o que eles fazem.

ORDNUNG MUSS SEIN

Um conceito-chave na vida alemã, portanto, é a *Ordnung*, ou ordem. A frase *Ordnung muss sein* significa que a ordem é essencial. Isso reflete a crença de que em tudo há ordem e sistematização inerentes. O objetivo da vida é analisar todas as coisas para encontrar essa ordem e sistematização e então aplicá-las. Inculcar essa busca por ordem e significado e mostrar como ela é aplicada é a função da educação e do treinamento social alemães. A ordem é o que dá uma base segura à vida. A desordem é extremamente perturbadora para os alemães, assim o primeiro objetivo deles em qualquer situação difícil é procurar restabelecer a ordem.

"E daí?", você pode questionar. "Todo mundo gosta de ter uma vida organizada." Isso é verdade, mas, no conceito alemão, a ordem é erigida a uma ideia nacional e tem ramificações em todos os aspectos da vida.

Um exemplo disso é o planejamento. As empresas alemãs planejam eventos com meses de antecedência, sabendo que as circunstâncias são passíveis de mudar antes que o evento aconteça. Essa busca pela ordem significa que eles preferem replanejar tudo todas as vezes que houver mudanças a deixar tudo para a última hora (como os franceses, italianos e espanhóis fariam) e planejar o evento apenas uma vez.

Todos nós temos uma série de características que nos foram incutidas pela criação, pela educação e pela experiência que carregamos conosco como parte de nossa programação individual psicológica e social. Uma delas pode ser a necessidade de ordem em nossa vida. Mas isso permanece como uma preocupação individual, e não social. Imagine a ordem como um princípio interno nacional. Imagine uma situação em que seja mais difícil não apanhar o lixo do chão e colocá-lo numa lixeira do que deixá-lo lá. Aí você terá a natureza alemã — um senso nacional de ordem social internalizada. Isso tem toda sorte de efeitos no comportamento das pessoas. Por exemplo, ajuda a explicar por que os alemães são o povo mais ecologicamente correto da Europa e por que eles repreendem os estrangeiros por transgressões menores, como pedestres que atravessam a rua fora da faixa ou atitudes antissociais que outras pessoas sofreriam em silêncio ou simplesmente ignorariam.

Essa mentalidade nacional que coloca a ordem em primeiro lugar tem várias consequências. Primeiramente, se você elege um líder, tende a querer fazer o que ele diz. Dessa forma, o respeito pela autoridade é importante. Segundo, isso indica que você aprova pessoas que planejam, organizam e verificam antecipadamente e desaprova as que tendem a improvisar ou a fazer coisas às pressas. Se você for, por natureza, uma pessoa que resolve as coisas no último minuto ou que tende a "quebrar galhos", vai precisar refinar seu desempenho se estiver lidando com o senso alemão de ordem.

Tudo isso contribui para o estereótipo amplamente difundido de uma nação sem senso de humor, que se organiza de modo rígido e segue ordens sem questionamentos. Mas isso não é verdade. Os alemães têm um ótimo senso de humor e podem ser profunda e explosivamente rebeldes, como a fantástica e revolucionária queda do Muro de Berlim em 1989 demonstrou. Há também diferenças na maneira como o norte e o sul da Alemanha interpretam a noção de ordem como princípio social. No entanto, é importante reconhecer que esse princípio organizador da sociedade alemã está profundamente arraigado e deve ser levado em consideração.

KLARHEIT

Um gerente inglês e um alemão se reúnem para discutir um novo projeto. Após um exame longo e minucioso de todos os prós e contras, o gerente alemão finalmente apresenta um esboço com o qual está satisfeito. "Bom", diz ele, "tenho um sistema claro com o qual me sinto confortável." A palavra significativa é "claro". Para a maioria dos alemães, é importante ser claro, e parte dessa clareza (*Klarheit*) é ter um sistema que delineie para todos exatamente o que precisa ser feito e quem o fará. Mas esse não é o objetivo de todos os negócios?, poderíamos perguntar. Sim, mas elevado a um princípio nacional? Não. A objetividade e a clareza são muito importantes para os alemães, para evitar ambiguidades tanto nos sentimentos como na comunicação. *Alles klar* ("Tudo certo") é um modo comum de dizer que você compreendeu instruções e explicações.

Atingir essa clareza nem sempre é um processo fácil, e os alemães se envolverão em análises extensas e profundas de situações ou propostas para encontrar a clareza a partir da qual o sistema vem à tona (alguns preferem dizer que eles se entregarão a esse prazer). Quando isso acontece, o sistema assume o status de pilar da ordem e não é facilmente mudado. Isso explica o que as pessoas veem como uma certa rigidez no modo alemão de fazer as coisas, e ainda, talvez, o excessivo envolvimento nas minúcias da categorização. Um problema nas negociações alemãs pode ser a "paralisia da análise", em que o processo de analisar uma situação supera o objetivo mais importante: chegar a uma decisão.

Vamos supor que você precisa tomar um ônibus. Ele chega e, no último segundo, você percebe que não pode comprar o bilhete no ônibus. Você pede ao motorista para deixá-lo subir. A resposta provavelmente será "Não". Se você não conhece o sistema, não pode usar o serviço. Se deseja descobrir como as coisas funcionam, peça que alguém lhe explique. Tudo é perfeitamente claro. Você acaba chegando atrasado ao seu destino e fica furioso com a rigidez e a intolerância dos alemães. O motorista do ônibus pensa que você é um estrangeiro mal-educado, grosseiro e desorganizado. Afinal, ele está apenas seguindo o sistema.

Por outro lado, os cidadãos alemães são excepcionalmente tolerantes e gentis com os estrangeiros. Eles não medem esforços para explicar a você como o sistema funciona — às vezes chegam até a incomodar. "Quem são essas pessoas para me dizer o que fazer?", o turista pode perguntar. A resposta é: "São alemães. Eles aprenderam o sistema e aderiram a ele. E não veem nenhuma razão para que você também não faça isso. Além do mais, eles estão preparados para assumir a responsabilidade de lhe mostrar isso. Afinal, uma vida organizada não é mais fácil para todos?"

VERDADE E DEVER

Encontrar um sistema claro e funcional exige muita reflexão e certa dose de honestidade. De modo geral, os alemães preferem dizer o que pensam e lidar com o que eles acham que é verdade. A franqueza e a objetividade elevadas ao extremo são características da sociedade alemã, enfatizadas mais fortemente no norte que no sul. Os parceiros de negócios alemães terão uma lacuna muito menor ao entrarem e ao saírem de uma negociação que seus congêneres de outras nacionalidades. Os alemães abominam o estilo de comunicação evasivo e indireto. Na Alemanha, é importante dizer o que você quer dizer. O medo de ofender o outro não é uma consideração essencial. Isso indica que, apesar de pretenderem ser amigáveis e demonstrarem apoio, os comentários dos alemães sobre caráter ou comportamento podem ser desconfortavelmente diretos. Isso não melhora quando eles falam em inglês. A fala nativa inglesa é repleta de termos como "por favor", "obrigado", "será que", "poderia". Os alemães, ao falarem inglês, utilizam expressões mais diretas, como "sim", "não", "deve", "precisa", por isso dão a impressão de ser inflexíveis ou simplesmente grosseiros.

Com toda essa preocupação com a verdade e a precisão, às vezes surgem interpretações literais. Em uma aula de inglês em Londres, Helmut chegou atrasado e com o olho roxo, dizendo que tinha sido atacado no metrô. A aula parou e seus colegas de classe pediram que ele explicasse o que acontecera. Ele tinha comprado um livro de piadas popular à época, o *Dicionário de insultos: como insultar as pessoas em vinte idiomas*, e estava experimentando-o. A princípio, as pessoas sorriram ou o ignoraram, mas, quando ele tropeçou em outra e disse: "Sai da frente, seu idiota!", o homem imediatamente lhe deu um soco!

DEVER (*PFLICHTBEWUSSTSEIN*)
Falando mais sério agora, esse desejo de honestidade e clareza indica forte senso de dever. A contrapartida da frase "Diga o que você quer dizer" é "Leve a sério o que você diz". Dizer algo e não fazer esse algo — ou pelo menos não tentar fazê-lo e não explicar o problema num prazo

Em uma simulação de trabalho em equipe entre funcionários irlandeses, ingleses e alemães de uma financeira, havia três observadores, um para cada equipe. No estágio de avaliação, o irlandês deu sua opinião com muito bom humor, fazendo comentários engraçados e apontando algumas falhas na apresentação de sua equipe. Então foi a vez de Heinz, um homem excepcionalmente charmoso, amável e bonito. Ele era de Munique e seu inglês era excelente. Heinz começou assim: "Tenho dez pontos para comentar de minha observação. São estes: primeiro, vocês não fizeram tal coisa; segundo, vocês deveriam ter feito isso e não fizeram; terceiro, vocês não fizeram aquilo..." E assim prosseguiu.

No intervalo, os funcionários britânicos e irlandeses levaram o facilitador até um canto. "Nós ficamos muito irritados com o Heinz", disseram eles. "Podíamos sentir a tensão nos ombros." O facilitador inglês teve de concordar. Ele tinha tido a mesma percepção, muito embora tivesse compreendido que Heinz estava apenas seguindo o estilo alemão de considerar as coisas boas como naturais e explicar tão clara, objetiva e concisamente quanto possível o que estava errado e as lições que precisavam ser aprendidas. Foi uma apresentação formidável de organização e síntese, mas com uma tremenda falta de diplomacia e entrosamento. Desnecessário dizer que o charme e a cortesia naturais de Heinz logo reconquistaram a todos no intervalo.

razoável — é visto de forma muito ruim. Se um alemão disser: "Vou fazer o meu melhor", isso quer dizer que ele vai se esforçar muito e que provavelmente será bem-sucedido. Em contrapartida, se um estrangeiro disser isso, pode ser uma desculpa antecipada para um provável fracasso. Cumprir com o dever é uma parte muito importante da vida alemã, e aplica-se tanto à pessoa que leva seu cão para passear como a quem precisa lidar com um problema num contexto empresarial ou militar.

Esse senso de dever está ligado a uma tradição mais profunda no pensamento alemão — certo sentimento de superioridade e a crença em princípios mais elevados que se refletem nas óperas de Wagner ou em grandes poetas românticos, como Goethe ou Schiller. Implícito na vida intelectual alemã está o senso de bem maior. É importante subordinar a vontade de uma pessoa às demandas do bem comum. Para os alemães, o senso de *Gemeinschaft* (comunidade) e *Gruppenzugehörigkeit* (associação a um grupo) indica que uma pessoa não deve agir contra os interesses do grupo, em proveito próprio ou em benefício de terceiros. O dito "Trate como gostaria de ser tratado" resume esse sentimento muito bem. Essa forma de idealismo ajuda a explicar por que os alemães parecem ter um senso internalizado de ordem pública.

> *Um exemplo desse senso compartilhado de ordem é a Hauswoche (semana da casa), típica de Baden--Württemberg. Nessa ocasião, os moradores de um prédio normalmente determinam um rodízio de tarefas para a varredura da rua, a lavagem dos corredores do edifício etc. Isso implica claramente um limite à liberdade pessoal, mas eles se sentem satisfeitos ao fazer essas tarefas, pois creem que estão contribuindo para o bem público e para o seu próprio bem.*

A ÉTICA DO TRABALHO

Ter uma vida como essa pode exigir um esforço razoavelmente grande, e não é de surpreender que os alemães tenham uma forte ética do trabalho. Fazer o que precisa ser feito do modo correto é parte importante da psique alemã, e isso se aplica tanto à arrumação e organização de seu espaço pessoal quanto ao modo como você trabalha.

Outro aspecto da ética do trabalho é o esmero, ou *Gründlichkeit*. Se um trabalho merece ser feito, vale a pena fazê-lo com perfeição. Um funcionário alemão havia sido transferido para uma empresa britânica e estava impressionado com as altas metas definidas para ele. Independentemente de quanto ele trabalhasse com afinco, jamais parecia capaz de atingir inteiramente aquelas metas. Preocupado, ele foi ter uma conversa com o gerente e ficou surpreso ao ouvir: "Seu desempenho está ótimo. Ninguém espera que você atinja mais do que 60%!"

A ética do trabalho alemã é reforçada pelos ideais da Reforma Protestante, iniciada por Lutero no século XVI e compartilhada pelos países do norte da Europa e pelos Estados Unidos, Canadá, Austrália e Nova Zelândia. De acordo com esse modo de pensar, o trabalho é bom por si só, e a disciplina em relação a ele é formadora e purificadora do caráter. O luteranismo, religião de grande parcela da população alemã, enfatiza a importância de trabalhar bastante e de levar uma vida prudente para atingir o desenvolvimento pessoal. A manutenção de uma ordem social estável e de um estilo de vida modesto e prudente é tradicionalmente vista como parte de uma vida religiosa saudável. (Algo similar pode ser encontrado em países como Japão e Coreia, profundamente influenciados pelos ideais confucianos de trabalho duro e modéstia.) Essas atitudes são particularmente fortes no norte protestante do país, influenciado tanto pela Reforma como pela tradição militar e disciplinada da Prússia.

Também é interessante dizer que não se deve confundir o montante de trabalho que você faz e como você o organiza com a quantidade de tempo despendida para fazê-lo. Muitas pessoas pensam que os alemães, como os americanos e cada vez mais os britânicos, trabalham todas as horas do dia. Isso não é verdade. Para eles, fazer hora extra ou levar trabalho para casa são sinais de ineficiência pessoal ou de uma lista malfeita de atribuições do cargo (ineficiência organizacional), motivos para a falta de confiança em um parceiro de negócios.

Para o alemão, a ética do trabalho significa que, durante o horário de expediente, a pessoa deve trabalhar o máximo e da forma mais disciplinada e eficiente possível, mas não ficar até mais tarde. Também significa confiabilidade — a pessoa estar presente quando disse que vai estar, parar o trabalho quando disse que vai parar e fazer o que disse que vai fazer. Não mais, mas certamente não menos.

AUTORIDADE E STATUS

O que mantém o sistema funcionando é um forte senso de autoridade e status. Os alemães, como qualquer outro povo, podem criticar a autoridade, mas no fim a aceitam — em casa, na prefeitura, no trabalho e no governo. A obediência às estruturas e aos sistemas é importante. Ela é acompanhada por um forte senso de status. Boas roupas, boa comida, boa moradia e, acima de tudo, bons carros são sinais de status. Por exemplo, um executivo de RH estava organizando uma conferência em uma cidade de pequeno porte para reunir as equipes numa fusão entre duas empresas alemãs, e os respectivos CEOs pretendiam estar presentes. No hotel da conferência, a um CEO foi oferecida a cobertura, e ao outro, a suíte executiva. Mas, em vez de aceitar a suíte, o outro CEO preferiu se hospedar em um hotel diferente. No ambiente alemão de negócios, a paridade de status é muito importante.

PRIVADO E PÚBLICO

Os alemães fazem uma distinção muito grande entre trabalho e diversão. Eles dizem: *Dienst ist Dienst und Schnaps ist Schnaps* ("Trabalho é trabalho e bebida é bebida"). Uma coisa não deve interferir na outra! Limites são importantes na vida alemã, e há uma fronteira muito clara entre trabalho e lazer. Essa divisão também se reflete na vida social.

Uma razão pela qual os alemães insistem tanto em manter essas barreiras erguidas pode ser a própria insegurança que sentem. Situados no coração da Europa, fazendo fronteira com nove países e com uma história econômica e política muitas vezes turbulenta, eles criaram o próprio senso de segurança. Com a participação do país na União Europeia, talvez um dia essas barreiras caiam.

*Uma indústria britânica conseguiu um contrato para fornecer peças a uma empresa do norte da Alemanha. Para comemorar o negócio, o representante da indústria levou a equipe alemã até um bar de vinhos (*Weinstube*). O encontro se deu num clima muito alegre, com o inglês pagando rodadas de bebidas e se referindo a todos por* du, *de forma amigável e descontraída.*

No retorno para casa, ele ficou atônito ao receber um comunicado dizendo que a empresa alemã tinha decidido não prosseguir com o contrato. Espantado com a notícia, ele telefonou para seu colega alemão e descobriu o que tinha acontecido: o presidente da empresa alemã achou que seria impossível fazer negócios com ele por causa de seu comportamento inaceitável.

O executivo inglês não fizera nada além do que era considerado comum em seu país, mas, segundo o modo de pensar alemão, ele havia ultrapassado os limites entre a cortesia no trabalho e a vida privada. Para o executivo inglês, aquela fora uma forma de fazer amizade com os novos colegas alemães; para o presidente da empresa alemã, aquilo ameaçara seu respeito e sua credibilidade, e ele não poderia deixar que o relacionamento fosse adiante. É verdade que esse exemplo é um pouco extremo, mas ilustra a importância de manter bem separados Dienst *e* Schnaps.

Capítulo **Três**

COSTUMES E TRADIÇÕES

Jamais suponha que pessoas que gostam de ter uma vida organizada não sabem se divertir. Com uma mistura de tradições católicas e protestantes, os alemães têm uma ampla variedade de festivais, costumes e celebrações, alguns dos quais muito animados. Vale a pena lembrar que muitas tradições populares do Natal — árvores, decorações e cartões natalinos — foram, de fato, introduzidas no Reino Unido pelo consorte alemão da rainha Vitória, o príncipe Alberto.

FERIADOS NACIONAIS E RELIGIOSOS

Os principais feriados nacionais alemães variam de acordo com o estado. Há onze feriados oficiais em toda a Alemanha, e outros celebrados apenas em alguns estados (principalmente católicos), indicados por um asterisco no quadro que se segue.

Natal
A principal celebração anual é o Natal. Durante semanas antes de 25 de dezembro, há feiras natalinas no centro de povoados que vendem

DATA	FERIADO ALEMÃO	NOME EM PORTUGUÊS
1º de janeiro	*Neujahrstag*	Ano-Novo
6 de janeiro	*Heilige Drei Könige**	Dia de Reis (apenas em Baden-Württemberg, Baviera e Alta Saxônia)
Março/Abril	*Karfreitag*	Sexta-Feira Santa
Março/Abril	*Ostersonntag*	Domingo de Páscoa
Março/Abril	*Ostermontag*	Segunda-Feira de Páscoa
1º de maio	*Tag der Arbeit*	Dia do Trabalho
Maio/Junho	*Christi Himmelfahrtstag*	Dia da Ascensão
Maio/Junho	*Pfingstsonntag*	Pentecostes
Maio/Junho	*Pfingstmontag*	Segunda-Feira após Pentecostes
Maio/Junho	*Fronleichnam**	Corpus Christi (apenas em Baden-Württemberg, Baviera, Hesse, Renânia do Norte-Vestfália, Renânia-Palatinado e Sarre)
15 de agosto	*Mariä Himmelfahrt**	Dia da Assunção
3 de outubro	*Tag der Deutschen Einheit*	Dia da Unificação Alemã
31 de outubro	*Reformationstag**	Dia da Reforma (apenas nas regiões protestantes)
1º de novembro	*Allerheiligen**	Dia de Todos os Santos (apenas nas regiões católicas)
21 de novembro	*Busz- und Bettag*	Dia da Prece e da Reconciliação (atualmente, apenas na Saxônia)
24 de dezembro	*Weihnachtsabend*	Véspera de Natal
25 de dezembro	*Erster Weihnachtstag*	Natal
26 de dezembro	*Zweiter Weihnachtstag*	Primeiro dia após o Natal, *Boxing Day*

decorações festivas, alimentos e vinhos. Elas se tornaram populares com as excursões, e atualmente há ônibus que partem do Reino Unido, da França, da Bélgica e da Itália com destino a vilarejos alemães para que as pessoas desfrutem das festividades pré-natalinas. Uma das feiras mais famosas é a *Christkindlmarkt*, em Nuremberg. Ali, podem-se comprar vinho quente (*Glühwein*), biscoitos de gengibre (*Lebkuchen*) e bolos natalinos com especiarias chamados *Stollen*. Coros e fanfarras cantam e tocam canções de Natal.

Um mês antes do Natal, as crianças começam a abrir seus *Adventskalender* (calendários de Advento). A estação do Advento — as quatro semanas que precedem o Natal — é um período de preparação espiritual para os fiéis, e o calendário de Advento contém uma série de imagens que ilustram temas natalinos, cada uma oculta por uma porta de papel. As crianças abrem uma nova porta todos os dias para ver o que está atrás delas, como parte do aquecimento para o Natal.

Fazer a própria decoração natalina ainda é algo popular em muitas partes da Alemanha. Na escola, no jardim da infância e até em casa, as crianças, os professores e os pais fazem decorações para as salas e para a árvore de Natal. Outra tradição observa o Advento com uma coroa especial chamada *Adventskranz* (coroa do

Advento), com quatro velas vermelhas, que serão acesas a cada domingo antes do Natal.

Em 5 de dezembro, as crianças deixam para fora seus sapatos (limpos!) antes de se deitar (em algumas regiões, deixam também as meias). Durante a noite, são Nicolau (Papai Noel) supostamente as visita. Se a criança se comportou bem, ele deixa doces; se ela se comportou mal, deixa gravetos. Em 6 de dezembro, em muitas regiões, um homem vestido como são Nicolau visita as escolas e os jardins de infância. As crianças cantam canções e, se se comportaram bem durante o ano inteiro, recebem doces, nozes, laranjas e maçãs. Ele é acompanhado por um pequeno ajudante, com uma vareta de bétula e um saco para carregar para longe as crianças malcriadas.

Na Alemanha, a celebração familiar natalina ocorre na véspera de Natal, 24 de dezembro. As lojas e os escritórios fecham ao meio-dia, as famílias compartilham uma refeição leve e trocam presentes em torno da árvore de Natal. Quem leva os presentes? No norte da Alemanha, é o *Weihnachtsmann* (uma figura parecida com o Papai Noel) e, no sul, o *Christkind* (representado como um anjo). As famílias tradicionalmente assistem à Missa do Galo na véspera de Natal.

No dia de Natal, as famílias saem para visitar umas às outras, e os mais jovens praticam esportes ou vão esquiar. A comemoração equivale ao Boxing Day britânico. A propósito, a tradicional ceia alemã de Natal é composta de ganso, em vez de peru, guarnecido com batatas ou bolinhos e repolho-roxo.

Véspera de Ano-Novo
O dia 31 de dezembro é a véspera do Ano-Novo, e dia 1º de janeiro é feriado nacional. É uma festa barulhenta, com o espocar de champanhe e fogos de artifício por toda parte. Nas igrejas, tocam-se sinos para anunciar o ano que chega, e em alguns locais despeja-se chumbo quente na água para ler a sorte através dos estranhos formatos que resultam dessa mistura. Trocam-se amuletos de boa sorte, contendo imagens feitas de marzipã ou de chocolate em forma de ferraduras, joaninhas, trevos de quatro folhas ou até vassouras de chaminé ou porquinhos.

Dia de Reis
No dia 6 de janeiro, celebra-se a visita dos três reis magos (*Heilige Drei Könige*) ao estábulo em que Cristo nasceu. Nessa ocasião, crianças e adolescentes se fantasiam como os três reis magos e vão de porta em porta para coletar dinheiro ou doações. Eles geralmente recebem doces como recompensa. A propósito, você poderá notar internamente em algumas portas as letras escritas a giz "CMB". Essas iniciais, que representam a expressão latina *Christus Mansionem Benedicat* ("Cristo abençoe essa casa"), mostram que foi

feita uma doação para a Sternsinger-Aktion, a entidade beneficente mais conhecida da Alemanha. A cada ano, jovens de igrejas locais arrecadam milhões de euros para crianças de países pobres.

Carnaval (*Karneval*)

A Quarta-Feira de Cinzas, nas regiões católicas do país, marca o início da Quaresma, período de jejum e purificação que culmina no Domingo de Páscoa. No domingo e na segunda antes da Quarta-Feira de Cinzas, comemora-se o Carnaval em muitos povoados e vilarejos. As preparações começam alguns meses antes. A estação começa no décimo primeiro dia do décimo primeiro mês, às 11h11 da manhã (no Dia de São Martinho).

O Carnaval é um período de convivência e informalidade, quando o normalmente formal *Sie* (você) dá lugar ao informal *du*. Há festas em escritórios, escolas e nas casas. As pessoas se fantasiam com roupas exóticas, e nas cidades de grande porte realizam-se procissões nas principais avenidas.

As festividades atingem o auge na *Rosenmontag* (Segunda-Feira Rosa), dois dias antes da Quarta-Feira de Cinzas. Nesse dia, acontece o principal desfile de Carnaval, presidido pelo "príncipe" e pela "princesa" carnavalescos.

Na *Fastnacht* (noite do jejum), último dia do Carnaval, na terça-feira, não há jejum, mas comemorações, comida e bebida, de forma semelhante à Terça-Feira Gorda em outros países.

A *Weiberfastnacht* (noite do jejum das mulheres) é na quinta-feira anterior à *Rosenmontag*. Nesse dia, as mulheres tomam conta da cidade e cortam pela metade a gravata de qualquer homem que vejam. Elas efetivamente fazem isso, de modo que, se você estiver na Alemanha durante esse período, trate de usar uma gravata velha.

Em Munique, o Carnaval é chamado de *Fasching*, e em outros lugares ele também é conhecido por *Fastnacht*, *Fasnet* ou *Fosnat*. As maiores e melhores celebrações ocorrem em Düsseldorf, Mainz e especialmente em Colônia.

Páscoa

A Páscoa tem suas próprias tradições. O *Osterhase* (coelho da Páscoa) esconde ovos cozidos e pintados para que as crianças os procurem. Os lusácios (sul de Berlim) são famosos por seus ovos de Páscoa lindamente decorados. As pessoas trocam ovos ou coelhos de chocolate. Quem tem jardim em casa leva ramos nus de árvores e os enfeita com flores de Páscoa ou outras decorações. O coelho da Páscoa é uma relíquia dos antigos festivais pagãos do solstício de primavera, realizados para comemorar a fertilidade renovada da terra após o difícil período de inverno.

A missa de Páscoa segue a crucificação e a ressurreição de Jesus. Na Sexta-Feira Santa, a igreja fica vazia; as estátuas dos santos são cobertas com uma capa preta, e apenas as doze Estações da Via Sacra — pinturas, afrescos ou estátuas nas paredes da igreja que ilustram o sofrimento e a morte de Cristo na cruz — são deixadas descobertas. Observam-se cerimônias de prece diante de cada estação. A igreja não exibe nenhum tipo de decoração. No sábado, as igrejas não têm celebrações, lembrando o tempo que Cristo passou no santo sepulcro. Então, na manhã do Domingo de Páscoa, as estátuas são descobertas e as igrejas ficam repletas de velas e flores para a missa que celebra a ressurreição de Cristo.

As igrejas barrocas alemãs, todas coloridas internamente de branco e de muitas outras cores, são locais lindos para visitar em qualquer época do ano, mas têm uma alegria e uma energia especiais no Domingo de Páscoa.

Outras festas religiosas

Esse estilo de decoração e celebração ocorre em muitos dias santos, especialmente nas regiões rurais. No Dia de São Martinho, em novembro, as crianças carregam lanternas de papel pelas ruas. No Dia de Corpus Christi (na quinta-feira seguinte ao Domingo da Santíssima Trindade), nas regiões católicas, são realizadas procissões e erigidos altares externos decorados.

Festividades não religiosas

A tradição da decoração se estende aos eventos não religiosos. Por exemplo, na *Richtfest* (cerimônia de cobertura), quando é completada a cúpula de uma construção nova, é comum prender às vigas flores, fitas e folhagens antes que o telhado seja instalado. O proprietário costuma abrir um barril de chope, além de oferecer petiscos.

No primeiro dia da escola primária, os pais dão aos filhos um *Schultüte*. Trata-se de um cone de papelão cheio de doces, balas, canetas, brinquedos e livros, que têm por objetivo tornar mais suave a entrada da criança na escola. Às vezes, eles são quase tão grandes quanto as crianças.

Oktoberfest
A *Oktoberfest*, festa anual que acontece em Munique, celebra a safra da cerveja e do vinho. Tem duração de dezesseis dias, estendendo-se do fim de setembro até o primeiro domingo de outubro, e é o maior festival folclórico da Europa. Teve início com o casamento do rei Luís I da Baviera com a princesa Teresa de Saxe-Hildburghausen. Durante a celebração do casamento, as pessoas beberam cerveja e vinho em enormes tendas montadas no campo de Theresienwiese. Nesse período, você verá homens vestidos de *Lederhosen* (calças de couro), mulheres de *Dirndl* (vestido com avental) e a parada *Trachtenfest*, com vagões de cerveja puxados por cavalos.

FEIRAS ANUAIS

Uma importante tradição na Alemanha é a *Messe*, ou feira anual, que pode ser de artes ou comercial. A *Messe* nasceu das feiras livres rurais tradicionais, onde produtos agrícolas eram trocados, com certas regiões se especializando em produtos específicos e atraindo comerciantes dos arredores. Ainda há feiras livres semanais em muitas cidades. A feira de peixes de Hamburgo é bastante famosa.

A *Messehalle* (feira de negócios) é uma atração de muitas cidades alemãs de grande porte, e algumas das maiores feiras são eventos internacionais, como a Feira do Livro de Frankfurt, realizada anualmente em outubro, e a feira da indústria de computadores CeBIT, em Hanôver, realizada em março.

Para os alemães, um interesse comum ou compartilhado sempre é uma razão importante para que eles se aproximem, e, ao longo de toda a história alemã, tem havido formação e estreitamento de laços entre cidades e estados discrepantes que os ajudaram a superar em alguma extensão a insegurança de seu isolamento. Uma dessas associações, como vimos, foi a Liga Hanseática, aliança entre os principais portos costeiros dos mares Báltico e do Norte, criada com a finalidade de coordenar suas atividades comerciais.

COMEMORAÇÕES EM FAMÍLIA

Aniversários

Na Alemanha, é comum que no próprio aniversário a pessoa leve bolos ou doces para o escritório para comemorar com todos, ou, se ela estiver em casa, que mantenha a porta aberta nessa data para receber os convidados. Se você for um deles, basta apertar a mão do aniversariante e dar os parabéns, mas é de bom tom levar um pequeno presente ou um buquê de flores. Tome cuidado para não dar presentes a alguém antes do aniversário — isso é considerado má sorte.

Casamentos

As tradicionais despedidas de solteiro, quando os noivos saem sozinhos com seus amigos para se divertir, não são um costume na Alemanha. Em vez disso, o casal sai junto, com os amigos, para a *Polterabend*, uma reunião festiva em que o ponto alto reside na quebra de pratos. Isso não quer dizer depredar um quarto de hotel ou um restaurante, mas quebrar pratos especialmente destinados para esse fim.

No dia do casamento, a noiva pode ser "raptada" por amigos do noivo durante algum tempo antes da cerimônia. Uma coisa a se lembrar é que as alianças de casamento são usadas no dedo anelar da mão direita, enquanto as de noivado, no dedo anelar da mão esquerda.

Familientreffen
Em muitos países, o Natal é a época de reunir toda a família. Na Alemanha, a véspera de Natal é somente para os familiares imediatos, de modo que a *Familientreffen* (grande reunião familiar), realizada uma ou duas vezes ao ano, se torna uma ocasião importante para as famílias se encontrarem e colocarem o papo em dia.

CELEBRAÇÕES HISTÓRICAS
Um dos muitos prazeres da vida alemã é a celebração de eventos históricos. No verão, por todo o leito do Reno, é possível desfrutar *son et lumière* (show histórico com luzes e som), com fogos de artifício que nos remetem à imagem de como os castelos eram saqueados e queimados. Uma derrota também é motivo de comemoração, tanto quanto uma vitória! Ou, mais importante ainda, uma grande celebração de libertação, tal como a peça da paixão em Oberammergau.

Oberammergau é um fenômeno. Em 1634, a praga assolou esse vilarejo na Baviera. Os habitantes oraram a Deus e prometeram que, se a comunidade fosse salva, encenariam uma paixão a cada dez anos como ação de graças. Foi o que aconteceu, e eles cumpriram a promessa, e a Peça da Paixão de Oberammergau, realizada de dez em dez anos desde então — exceto durante os anos de guerra —, se tornou um importante evento cultural. Os moradores do vilarejo são os atores de todas as cenas, e a Paixão é exibida durante um festival de cinco dias. Trata-se de um tributo emocionante e notável à história de Oberammergau, assim como ao senso de continuidade, ao teatro e às comemorações.

RELIGIÃO

Não há uma religião oficial na Alemanha, mas cerca de 70% dos alemães são cristãos, divididos de maneira mais ou menos igual entre protestantes e católicos. Os alemães não são nem mais nem menos devotos que outros povos europeus, mas o Estado subsidia a Igreja em certos serviços de caridade; esse subsídio assume a forma de uma taxa obrigatória (*Kirchensteuer*) de 4% da renda. Assim, não importa sua religião, mesmo que você não seja praticante, terá de pagar essa taxa.

Na Alemanha, as raízes cristãs são profundas. O cristianismo foi imposto quando Carlos Magno se tornou imperador do Sacro Império Romano, em 800 d.C., sendo reforçado pelas estreitas relações entre os estados germânicos e Roma. O nordeste da Alemanha foi a sede de uma das mais famosas ordens militares cristãs alemãs — os Cavaleiros Teutônicos, que empreenderam as Cruzadas para converter os pagãos da região báltica. O sucesso deles foi tão grande que cavaleiros de todas as partes da Europa fizeram campanhas com eles. A Ordem foi desmantelada quando, em 1525, seu grão-mestre se converteu ao protestantismo.

Quando Martinho Lutero iniciou a
Reforma Protestante em 1517, ao pregar na
porta de uma igreja em Wittenberg
suas objeções quanto aos excessos da
Igreja Católica, a Alemanha poderia
muito bem ter se tornado totalmente
protestante. Contudo, durante a
Guerra dos Trinta Anos, entre o sacro
imperador romano e alguns dos estados
protestantes, os estados do sul da Alemanha
reafirmaram sua lealdade a Roma e a região
permaneceu predominantemente católica desde
então.

O título de sacro imperador romano era tanto
religioso como secular e comprometia o titular a
defender os interesses da Igreja. Na época da
Guerra dos Trinta Anos, o título cessara de ser
eletivo e se tornara direito nato dos Habsburgo.
Como resultado, o Império passou a estabelecer
bases na Áustria e nos territórios dos Habsburgo
na Hungria, Boêmia e sudeste europeu, até sua
abolição, em 1806. O significado quase místico do
Sacro Império Romano reside em sua ligação com
o Império Romano da Antiguidade, com a fé
católica e com a lealdade ao papa em Roma. No
entanto, para boa parcela da Alemanha, em
oposição à Áustria, sua autoridade se tornou
insignificante a partir do século XVI.

Capítulo **Quatro**

FAZENDO AMIGOS

TRABALHO E VIDA SOCIAL

Os brasileiros acham bastante fácil combinar vida social e profissional, falar sobre o trabalho numa festa ou interagir com os colegas de trabalho num contexto social. Até recentemente, isso não acontecia na Alemanha, e trabalho e vida social eram mantidos bem separados. Tanto é que era considerado inapropriado discutir a vida pessoal de um indivíduo no trabalho ou discutir questões de trabalho num ambiente social. Os estrangeiros que trabalhavam em empresas alemãs ficavam surpresos pelo modo como seus colegas conseguiam trabalhar juntos por 25 anos e nunca se dirigir uns aos outros pelo primeiro nome ou utilizar o pronome pessoal *du* (a forma íntima de "você"), e pelo fato de que muitas vezes eles não sabiam praticamente nada sobre a vida privada dos colegas. A situação tem melhorado desde então, mas ainda permanece um resquício disso, particularmente entre as gerações mais velhas. Para pessoas que costumam formar muitas de suas amizades, e até mesmo relacionamentos românticos, com colegas de escritório, essa separação entre trabalho e vida social pode ser bastante frustrante, mas para os alemães é perfeitamente natural. Simplificando, eles têm outro sistema.

Amizade significa algo muito especial para os alemães, e não é um termo que eles usam de modo superficial. A maioria dos alemães tem um círculo fechado e pequeno de amigos e uma rede mais ampla de conhecidos. Suas amizades se formam nas escolas e na universidade e são, de modo geral, bastante locais. Pessoas de outras nacionalidades tendem a ter mais amigos, mas os relacionamentos são menos próximos. Para os alemães, as amizades levam mais tempo para acontecer, mas, assim que se consolidam, são mais estreitas e duram a vida toda. Assim, é importante que os turistas, ao visitarem a Alemanha, reconheçam que as amizades não acontecem rápida ou casualmente e tampouco se formam no local de trabalho. Também é importante lembrar que os alemães mantêm a vida pública e a privada bem separadas.

Então, onde e como fazer amigos na Alemanha? Os alemães trabalham duro a semana inteira, mas também se divertem bastante quando estão de folga. Eles têm boa aptidão física, e os clubes esportivos e atividades de lazer são bastante representativos em muitos estilos de vida alemães. A jardinagem é muito popular, e os moradores de apartamentos podem exercer essa paixão em um *Schrebergarten*, ou jardim comunitário. Em todas as partes da Alemanha há trilhas rurais com áreas próprias para praticar exercícios físicos e trilhas para caminhadas. Até a caminhada nas tardes de domingo — *Sonntagsspaziergang* — é um hábito importante. As atividades ao ar livre praticadas no verão variam de futebol a peças de teatro. Existem até mesmo quiosques para churrascos (*Grillplätze*) fornecidos em parques e bosques para que famílias e grupos de amigos possam usar.

De modo geral, o horário de expediente na Alemanha vai das 9 às 17 horas, embora a maioria das pessoas chegue ao trabalho mais cedo e a hora do almoço seja curta (às vezes, não passa de meia hora) e feita na própria cantina da empresa. Às 16 horas as telefonistas podem parar de atender chamadas, e às 17 as pessoas deixam o trabalho prontamente.

Os alemães adoram viajar, e seus generosos direitos a férias estimulam essa atividade. A semana de trabalho tem de 35 a 37 horas, e o direito às férias é de um mês por ano. Não é raro, embora às vezes seja inconveniente, que um executivo alemão desapareça durante um mês inteiro, ou mesmo acumule as férias de dois anos para tirar um período mais longo. No entanto, a maior parte das famílias alemãs com filhos em idade escolar se limita a tirar férias nos recessos escolares, que variam de estado para estado, mas geralmente vão de julho a agosto.

CUMPRIMENTOS

Algo que distingue claramente os amigos íntimos dos conhecidos na Alemanha são os cumprimentos. Na maior parte dos países ocidentais, as pessoas estão cada vez mais acostumadas com uma maneira bem informal de cumprimentar, com acenos, balanços de cabeça e um simples "oi", geralmente utilizando o primeiro nome desde o início. É salutar perceber que os alemães ainda mantêm certo grau de formalidade nos cumprimentos. O aperto de mãos na chegada e na saída é a regra, assim como a utilização do sobrenome e até mesmo de títulos. Em um ambiente de negócios, costuma ser importante observar não apenas o cargo, mas o número de títulos. Por exemplo, "Herr Professor Dr. Dr. Schmidt" pode ser um professor com dois doutorados. Se você não tiver certeza de como agir quando conhecer alguém, assuma um tratamento formal e pergunte como a pessoa gostaria de ser abordada. Você vai descobrir que a geração mais jovem é impaciente com esse tipo de protocolo e está gradualmente se libertando dele.

A chave para avaliar como abordar as pessoas é saber quanto respeito deve ser dedicado a elas. Os alemães valorizam muito esse ponto, e é importante não negligenciá-lo. Para os brasileiros, o objetivo é mudar para o modo informal de cumprimento tão rápido quanto possível. Os alemães gostam de manter um modo mais formal por muito mais tempo.

DU E SIE

A exemplo de outras línguas europeias, o alemão faz distinção entre o "você" formal e o "você" informal. O informal é o *du*, usado somente com familiares e amigos íntimos. O formal *Sie* é usado com todas as outras pessoas. Em português não há essa distinção, de modo que os brasileiros que falam alemão naturalmente tendem a passar para o informal *du* tão breve quanto possível. Isso não acontece na Alemanha. Se você abordar alguém pelo primeiro nome e utilizar *du*, esse tratamento pode ser visto como grosseiro e presunçoso, embora entre estudantes e, atualmente, em algumas multinacionais, especialmente onde o inglês é a língua principal utilizada pelos funcionários, o uso do primeiro nome, mesmo com *du*, tenha se tornado aceitável. Se ficar em dúvida, continue com o *Sie* e com o sobrenome.

Em contrapartida, os alemães são especialistas em mudança de código (troca entre o estilo formal e o informal de tratamento na presença de estrangeiros). Entre eles, vão sempre usar o termo formal e o sobrenome, mas podem trocar sem problemas para o primeiro nome, chegando até a usar o mais íntimo *du*, quando se dirigirem a um estrangeiro.

CUMPRIMENTOS EM LOJAS

Apesar dessa formalidade, você vai constatar que, nas lojas da região ocidental, os funcionários dizem sempre *Guten Tag* ("Bom dia") ou, na Baviera,

Grüss Gott ("Deus te abençoe"), para todos que entram no estabelecimento, e *Auf Wiedersehen* ("Tchau") para quem sai. Você deve fazer o mesmo.

ATITUDE COM ESTRANGEIROS

De modo geral, os alemães são amigáveis e hospitaleiros com os estrangeiros, especialmente se forem turistas ou estiverem no país a negócios. Isso não significa que eles não apreciem seus esforços de abordá-los em alemão.

Vale a pena tentar empregar algumas palavras em alemão, ainda que somente na troca de cumprimentos, pois você será mais bem aceito, mesmo se cometer erros. As pessoas talvez reajam friamente quando perguntadas "Você fala inglês?", mas responderão positivamente em inglês se você for capaz de falar em alemão: *Entschuldigen Sie bitte, Sprechen Sie Englisch?* ("Com licença, você fala inglês?"). A resposta normalmente será um prudente *Ein Bisschen* ("Um pouco"), mas a maioria dos alemães fala e entende inglês relativamente bem.

Atualmente, talvez em parte por causa de seu passado, os alemães costumam ser bastante gentis e abertos, preocupando-se muito em não permitir racismo ou violência contra estrangeiros. Os raros ataques a trabalhadores estrangeiros por parte de jovens delinquentes, que alardeiam slogans de direita ou nazistas, são desaprovados tanto pelos conterrâneos alemães como pela maior parte dos estrangeiros.

ASSOCIANDO-SE A UM CLUBE

A melhor maneira de fazer amigos na Alemanha é se associando a um clube. Os alemães gostam de buscar lazer em clubes. Decida-se pelo que você se interessa, depois encontre um clube que proporcione isso para você. A prefeitura e a biblioteca locais costumam ter uma lista de clubes. Nas cidades maiores, grupos de estrangeiros têm seus próprios clubes, que recebem estrangeiros e também alemães. Há clubes das embaixadas, de uma nacionalidade específica, anglo-franceses, clubes internacionais masculinos e femininos, clubes Kiwani, Lions e Rotary. Você também pode ingressar no Toastmasters International.

Outro jeito de conhecer pessoas, embora não alemãs, é aprendendo o idioma. O modo mais barato de fazer isso é se matricular no colégio alemão local para adultos, conhecido como *Volkshochschule* (escola comunitária).

CONVITES PARA IR À CASA DE AMIGOS

Os alemães não costumam convidar as pessoas para irem à casa deles, de modo que um convite desses pode ser uma honra, e é importante aceitar. Chegar de dez a quinze minutos atrasado é perdoável, mas não se atrase mais que isso. Chegar mais cedo é considerado errado. Diferentemente dos brasileiros, seus anfitriões provavelmente não levarão você para conhecer a casa, mas todos os cômodos estarão limpos e arrumados para sua visita, as melhores louças e talheres estarão dispostos e será preparada uma boa comida.

DIVERSÃO

Como todos os povos, os alemães têm vários rituais de entretenimento. Eles podem convidá-lo para ir a um *Kaffee und Kuchen* (café e confeitaria) num sábado ou domingo à tarde, por volta das quatro horas. Nessas ocasiões, os convidados se sentam para conversar relaxadamente, tomam café ou chá e comem doces alemãs durante algumas horas.

Os convites para jantar podem ser mais cedo que de costume — geralmente às 18h30 ou 19 horas —, e espera-se que todos sejam pontuais. Por outro lado, não é de bom tom ir embora muito cedo — às 23 horas está bem. Durante a refeição são feitos brindes, e não é apropriado levantar seu copo antes de o primeiro brinde ser feito. Geralmente há muitos copos levantados e pessoas se olhando nos olhos antes de desfrutar a bebida, novamente um momento de formalidade, em uma atmosfera festiva e relaxada. O brinde para vinhos é *Zum wohl* e, para cervejas, *Prost*.

Após a refeição, os convidados se sentam em outro ambiente para conversar. Chama-se a isso de *Unterhaltung* — bate-papo recreativo —, e é uma parte importante da noite. Se você for convidado para um evento às 20h30, pode ser que não seja para uma refeição, mas para degustar café e queijos após o jantar.

PRESENTEANDO

Muitos países têm rituais elaborados para se dar presentes; a Alemanha, não. Não se dão presentes para colegas, e, nos escritórios, não há o ritual do amigo secreto. Se, no curso dos negócios, forem trocados pequenos presentes, no fim de um contrato bem-sucedido, por exemplo, eles não devem conter o logotipo da empresa. Presentes pessoais íntimos, como perfumes e joias, não são apropriados. Eles devem ser dados por amigos íntimos ou familiares. Há também uma superstição sobre não dar objetos pontiagudos.

Se você for convidado para ir à casa de uma pessoa, é adequado levar um presente para os anfitriões. Só leve vinho se for realmente especial; os alemães conhecem seus vinhos e têm boas adegas. Chocolates de boa qualidade são sempre aceitáveis, assim como flores. Evite lírios e crisântemos (associados a funerais), assim como rosas vermelhas (próprias para os amantes). Números ímpares são populares, mas seis e doze são aceitáveis, e o treze, embora ímpar, definitivamente é considerado de má sorte. Nas cidades alemãs, há muitos floristas, e eles vão aconselhar você de bom grado sobre o tipo certo de flores e o tamanho correto do buquê para qualquer evento. Há também um consenso de que você deve desembrulhar as flores antes de presenteá-las a seus anfitriões, deixando o papel na mesa do hall de entrada! Talvez um modo mais fácil e mais ecologicamente saudável de dar flores seja presenteá-las amarradas juntas, e não embrulhadas.

Uma palavra sobre o embrulho do presente. A Alemanha é um país onde as pessoas adoram embrulhar bem os presentes. Se você não souber fazer um bom embrulho, peça que o lojista o faça. Evite as embalagens não biodegradáveis, pois os alemães são muito conscientes em relação à poluição.

OS MODOS FAZEM O HOMEM

Certas convenções sociais, quase todas perdidas na maioria dos países ocidentais, ainda existem na Europa Central. Os homens podem se levantar quando uma pessoa importante, uma mulher ou um idoso entrar na sala, em sinal de respeito. Eles podem preceder a mulher quando ambos entrarem num bar ou restaurante, ajudá-la com o casaco, abrir a porta para ela e preferir caminhar mais próximo à guia da calçada. Se isso acontecer, simplesmente desfrute como uma gentileza à moda antiga, e não encare como afetação.

Capítulo **Cinco**

A CASA ALEMÃ

Eis uma coisa estranha. Os alemães, alegadamente honrados, rígidos, organizados e formais, são relaxados e acolhedores quando estão em casa. Todos que visitam o país atestam que a separação rígida feita pelos alemães entre negócios e vida pessoal significa que, em casa, as pessoas são agradáveis, generosas, excelentes anfitriãs, receptivas e divertidas. Como é possível esse paradoxo?

HEIMAT

Tanto quanto em outros países europeus, os alemães são um povo regional, comprometido com sua *Heimat*, ou terra natal. Ali é onde seus pais viveram, onde eles próprios foram criados, onde vivem seus amigos mais próximos e, provavelmente, onde nasceram seus cônjuges, cunhados e sogros.

Chegando em casa
Típico casal jovem, Achim e Constance cresceram nas encostas das montanhas que circundam o Reno, próximo de Mainz. Os pais de Constance ainda possuem um vinhedo nessas terras. Achim e Constance trabalham numa empresa em Mainz. Eles são enviados para todas as partes do mundo pela empresa e adoram viajar, mas eventualmente retornam para casa e se estabelecem em Mainz. Eles querem que seus filhos tenham o mesmo senso de pertencer a sua *Heimat*.

Após os 30 anos, os alemães demonstram muito menos mobilidade no trabalho do que os americanos ou os britânicos. Eles preferem procurar trabalhos próximos de sua família, em sua terra natal. Assim, quando uma seguradora alemã reduziu o número de suas centrais de atendimento de 45 para cinco, a realocação foi um problema sério, e muitos funcionários dessas unidades pediram demissão para não ter de se mudar com a empresa.

Cada região alemã tem uma característica local distintiva. Assim, os habitantes da Renânia são famosos pela generosidade. Por outro lado, os moradores da Suábia, próximo de Stuttgart, são os "escoceses" da Alemanha, conhecidos, acertadamente ou não, pela avareza. Os cidadãos de Mecklemburgo, no leste, são considerados reservados, e os bávaros, os mais despreocupados e descontraídos.

Possuir casa própria é menos comum na Alemanha que no restante da Europa; somente cerca de 40% dos alemães desfrutam desse privilégio. A maioria das pessoas opta pelo aluguel, gastando de 25% a 33% da renda líquida com moradia. Os inquilinos gozam de considerável proteção legal, e, como resultado, os proprietários são bastante seletivos sobre quem vão aceitar como inquilinos em sua casa.

As casas e os apartamentos alemães são bem equipados, e os cidadãos se orgulham disso. Isso se estende para além das casas e atinge os arredores. Por lei, espera-se que os proprietários de imóveis mantenham as calçadas adjacentes limpas e livres de neve, e normalmente há rodízio entre os proprietários para que se faça isso.

Esse senso de comunidade abrange uma variedade de tarefas domésticas. Uma delas é a utilização das instalações comuns da lavanderia. Em muitos edifícios, as máquinas de lavar e as secadoras de roupas comunitárias ficam no andar térreo, e há um sistema de revezamento que regula seu uso pelos moradores. Muitos deles atualmente instalam seus próprios equipamentos em seu apartamento, mas, se você estiver utilizando as instalações comuns e precisar de uma máquina de lavar quando não for o seu dia, terá de negociar.

A Alemanha é um dos países mais ecologicamente conscientes da Europa, e isso se manifesta na coleta e na reciclagem do lixo. São utilizados sacos de cores diferentes para descartar materiais diferentes, e os sacos devem ser comprados nos pontos corretos de coleta municipais.

> ### *Vida comunitária*
> Existe uma profunda consciência social na vida doméstica alemã, que permeia todos os tipos de atividades, desde fazer barulho até colocar o lixo para fora. O horário de silêncio obrigatório no país vai das 13 às 15 horas e das 22 às 7 horas da manhã, de segunda a sábado, e, aos domingos, durante todo o dia. Espera-se que as pessoas não façam atividades que possam perturbar a paz num domingo, como cortar a grama ou lavar o carro. Por lei, você não pode lavar o carro nem se ele estiver estacionado na rua. Também é proibido fazer qualquer barulho excessivo que perturbe os vizinhos, como ouvir música alta ou utilizar máquinas, após as 22 horas. Se você costuma fazer essas coisas, tome cuidado! A primeira reclamação que receber talvez não seja de um vizinho incomodado, mas da polícia, chamada pelos vizinhos. Se você for dar uma festa, avise antecipadamente a vizinhança.

Alguns estrangeiros consideram essa organização bastante difícil de ser realizada, o que pode provocar sentimentos de rebeldia naqueles que acham que seu direito de escolher a melhor forma de descartar o próprio lixo está sendo infringido. Pior de tudo, o senso de ordem comum alemão chega a tal ponto que seus vizinhos podem apontar seus erros nesse aspecto, ou até a equipe de coleta pode se recusar a apanhar o lixo no saco errado. Esse é definitivamente um caso de "Se você não pode vencê-los, junte-se a eles".

A consciência ecológica se estende aos supermercados. Levar a própria sacola é uma prática comum, e a sacola em questão será de tecido, não de plástico. O uso de sacos plásticos é visto negativamente, por não serem biodegradáveis, e eles não são utilizados em residências nem por empresas.

CONDIÇÕES DE VIDA

Os apartamentos nos centros das cidades alemãs podem ser menores que a média de outros países. Muitos têm um canto na cozinha para as refeições familiares e uma área específica na sala de jantar para refeições com convidados. Os quartos podem ser menores e mais compactos. Nas casas, eles certamente são mais numerosos e maiores, e os apartamentos, casas e chalés tradicionais do século XIX e início do XX na Baviera podem ser de fato espaçosos.

A falta de espaço pode impor algumas restrições a seu estilo de vida. Por exemplo, você não deve deixar bicicletas nos corredores. Mantenha sempre o corredor livre e verifique com o proprietário como proceder nesse caso. Se você for dar uma festa, informe seus vizinhos;

convide-os, se possível. Espera-se que os vizinhos sejam educados e receptivos entre si. Mas também que não se intrometam ou demonstrem uma atitude excessivamente amigável.

MOBÍLIA

Se você decidir alugar um apartamento por um curto período, esteja ciente de que ele não estará mobiliado, a menos que estabelecido de outra forma. Certifique-se de conhecer os termos usados nos anúncios. Na Alemanha, "não mobiliado" significa vazio. Os últimos inquilinos normalmente levam até as torneiras e os bocais de luz. Você terá a pia da cozinha, as peças do banheiro, tomadas (mas não necessariamente bocais) e, de modo geral, um fogão. Não terá necessariamente uma geladeira. Por outro lado, todos os apartamentos devem estar em boas condições quando você se mudar, com aquecimento central, água etc.

Há outros custos envolvidos além da mobília da casa. As imobiliárias normalmente exigem três meses de aluguel antecipados, mas asseguram que tudo esteja em ordem e que todas as questões legais sejam observadas (esses detalhes podem ser complicados na Alemanha). Você também terá de pagar um depósito de seguro adicional, ou caução, reembolsável e geralmente equivalente a três meses de aluguel.

Há também as taxas de serviços (*Nebenkosten*), pagáveis ao proprietário, que cobrem o aquecimento, mas você será responsável pelo gás, pela eletricidade (registro na distribuidora de energia elétrica da cidade, ou *Stadtwerke*) e pelo telefone (Telekom). Por outro lado, a lei alemã de proteção aos inquilinos é bastante forte e, se você fechar negócio via imobiliária, esta deverá cuidar da parte legal. Uma coisa importante a lembrar é que, quando você for sair do imóvel, deve se certificar de que tenha preenchido todos os requisitos legais do proprietário e cancelado todos os serviços, caso contrário poderá ter uma lembrança desagradável de sua permanência na Alemanha, que o aborrecerá por longo tempo.

O aquecimento poderá ser controlado por uma central nos edifícios, mas você terá um controle individual em seu apartamento. Você vai constatar que o isolamento das janelas funciona mesmo na maioria das casas, pois elas podem ficar muito frias.

As geladeiras europeias costumam ser menores que o padrão. Ou você importa uma Westinghouse, ou esteja preparado para pensar menor. Uma boa coisa é que, como os alemães costumam comprar comida regularmente em vez de fazer uma única compra semanal, pode haver duas geladeiras na casa, uma para congelamento e outra para manter alimentos frescos.

ELETRODOMÉSTICOS

A Alemanha opera no sistema métrico, o mesmo do Brasil. Isso significa que seus eletrodomésticos talvez funcionem no país. Porém muitos estrangeiros que vivem na Alemanha preferem comprar tudo lá mesmo e revender quando vão embora.

Os plugues alemães têm dois pinos e funcionam em 230 volts e 50 hertz. As televisões funcionam no sistema PAL-B. Lembre-se de que os DVDs brasileiros não são compatíveis com os aparelhos europeus, a menos que seja instalado um chip especial. Os computadores devem ter um adaptador, mas verifique isso antes de deixar seu país.

IDENTIDADE

Todos os alemães carregam a carteira de identidade e a utilizam quando matriculam os filhos na escola, na biblioteca e para todos os tipos de registros. Se você permanecer na Alemanha por menos de três meses, poderá usar seu passaporte, mas, se ficar por mais tempo, vai precisar de um *Aufenthaltserlaubnis*, ou permissão de residência, e da confirmação de registro (*Anmeldebestätigung*) da autoridade local.

Essa é a prova de que você mora onde diz que mora, e todos os alemães têm o mesmo documento. Contate o Departamento de Imigração, ou *Ausländeramt*, para obter os detalhes e esteja preparado, pois isso leva certo tempo. Se você tiver preenchido o requerimento antes de chegar à Alemanha, certifique-se de informar aos funcionários da imigração alemã, na chegada, que você vai pedir uma permissão de trabalho, para que eles não carimbem seu passaporte com uma marcação de inelegibilidade para o trabalho.

VIDA DIÁRIA E ROTINAS

Os alemães normalmente acordam cedo, por volta das 6h30 ou 7 horas, e costumam chegar ao trabalho às 8 horas ou 8h30. De modo geral, a família se reúne para tomar o café da manhã, e, se você estiver morando na casa de uma família alemã, é conveniente verificar o horário para que você possa se juntar a todos.

O desjejum alemão difere do tradicional brasileiro na oferta de pães, frios, iogurte e cereais. Haverá fatias de presunto, salame ou linguiça, ovos cozidos (mas jamais frituras), além de chá, café, leite ou suco de laranja.

A maioria das escolas começa as aulas às 8 horas. As crianças normalmente fazem um almoço leve (sanduíches e frutas), e as atividades extras após o turno escolar aos poucos estão se tornando mais comuns.

Na Alemanha, o almoço é tradicionalmente a principal refeição do dia e pode consistir de uma entrada seguida de carne, peixe ou legumes, batatas, massa e salada, além de uma sobremesa, que pode ser um bolo ou uma fruta.

Mães e crianças geralmente se reúnem para o *Kaffee und Kuchen*, evento informal em que são

servidos café, chá ou refrigerante e
uma variedade de bolos e outros
doces. O objetivo é bater papo e se
inteirar das novidades, e você
será convidado a degustar muitas
iguarias, a maioria preparada no
estilo caseiro. Experimente o que lhe
for oferecido, nem que seja só por educação.
Muitos convidados levam um pequeno presente,
geralmente um alimento (cookies e biscoitos
amanteigados são populares).

   As crianças voltam da escola por volta das
16 horas (certamente mais cedo, no caso das
escolas primárias), e uma refeição leve é servida,
composta de frios, queijos e pães. Esse lanche
pode ser acompanhado de cerveja, cidra, vinho e,
às vezes, chá de ervas. O jantar normalmente é
servido cedo — entre 18 e 18h30 —, mas, se
houver convidados, ele será servido mais tarde
— entre 19h30 e 20 horas. As pessoas costumam
dormir cedo durante a semana, entre 22h30 e
23 horas.

LAÇOS E LIMITES
As casas alemãs são muito mais parecidas com as
brasileiras do que com as americanas.
Delimitações claras atuam como proteção contra
o exterior. As cercas e os muros são bem
demarcados e psicologicamente bem defendidos.

   O mesmo vale para o interior das casas. Em
alguns países, você pode ser levado a dar uma

volta pela casa em sua primeira visita, o que ajuda a criar uma atmosfera informal e relaxada. Você pode até perguntar "Posso ajudar?" e perambular pela cozinha para conversar com sua anfitriã. Isso é raro na Alemanha, onde as coisas são um pouco mais formais. A atmosfera será relaxada e amigável, mas a casa toda, embora limpa e brilhante, não estará aberta aos visitantes.

A distribuição da casa ou do apartamento alemão reflete esse senso de ordem e limites. Na entrada, você não encontrará uma sala de estar num plano aberto, mas um pequeno corredor. Saindo dele, encontram-se os quartos, que normalmente ficam fechados. Isso acontece, em parte, por uma questão de economia. Numa residência alemã, os quartos são, de modo geral, aquecidos individualmente, portanto a porta fechada mantém o calor interno. Sua estratégia: não peça para conhecer a casa a menos que sua relação com o proprietário o encoraje, e não vá até a cozinha a menos que saiba que será bem recebido. Seu respeito pela privacidade alemã lhe trará a afeição e o respeito por parte deles, e abrirá portas que, de outro modo, permaneceriam fechadas.

KINDER, KÜCHE, KIRCHE (CRIANÇAS, COZINHA, IGREJA)

Essa frase geralmente é utilizada de modo irônico, para descrever o papel conservador e tradicional da mulher alemã. Como em outros países ocidentais, o papel das mulheres nos negócios e no lar tem mudado radicalmente à medida que mais e mais mulheres trabalham fora em período integral. O papel tradicional da dona de casa (*Hausfrau*), que tomava conta do lar, dos filhos e dos idosos da família, agora é uma questão de vontade, e não de necessidade. No entanto, existem diferenças significativas a esse respeito entre a Alemanha Ocidental e a Oriental. Nos antigos estados da Alemanha Oriental, as mulheres tinham muito apoio do Estado, incluindo creches gratuitas onde deixar os filhos. Com a reunificação, isso acabou, e o nível de desemprego entre as mulheres na parte oriental aumentou. Nos lugares onde as mulheres preferem abdicar da carreira para cuidar da educação de seus filhos, elas recebem grande parcela de respeito. Ainda há um debate significativo na Alemanha sobre se as mulheres devem ou não trabalhar fora em período integral, embora cada vez mais mulheres estejam efetivamente trabalhando o dia inteiro em escritórios e fábricas, além de administrar a casa.

ESCOLAS E ENSINO

A escola é parte importante de qualquer casa onde haja crianças, e é uma boa ideia se interessar pela educação dos filhos de seus amigos ou vizinhos. Todas as crianças alemãs frequentam a escola dos 6 aos 18 anos, embora a maioria vá para o jardim de infância já aos 3 anos. Dos 6 aos 10 anos (ou 12, em Berlim), as crianças frequentam a *Grundschule* (escola elementar ou primária). A faixa de idade dos 11 aos 12, ou dos 13 aos 14 anos, é muito importante para as crianças alemãs, pois elas passam pelo *Orientierungsstufe*, ou período de orientação, em que são avaliadas antes de fazer um curso mais específico. Depois disso, elas podem entrar no ciclo acadêmico (*Gymnasium*) e prosseguir até realizarem o *Abitur*, exame que conclui o ensino secundário na Alemanha, aos 18 anos. Aproximadamente 35% dos estudantes vão para o *Gymnasium*. Vinte por cento frequentam o curso profissionalizante — *Realschule* —, em que recebem o ensino básico, mas com um forte elemento prático. Alguns alunos fazem o *Gymnasium* depois disso, mas a maioria se forma com um diploma que os qualifica a ingressar numa faculdade comercial ou técnica.

Outros 25% dos alunos frequentam o *Hauptschule*, ou ensino médio geral. Novamente, a ênfase é numa educação básica com tendência vocacional. Os estudantes se formam com um diploma que os capacita a frequentar uma *Berufsschule* (escola vocacional). Esse sistema assegura que a Alemanha tenha muitos profissionais com um bom nível de ensino geral e vocacional.

O último tipo de escola secundária é a *Gesamtschule*, ou escola abrangente, que oferece uma mescla de programas acadêmicos comerciais e vocacionais e visa fragmentar a estratificação social que pode resultar da divisão de crianças em linhas acadêmicas e vocacionais.

As escolas alemãs são geridas pelos estados. Dessa forma, há diferenças entre os dezesseis sistemas educacionais estatais, e o ensino é gratuito. Existem escolas privadas, mas são minoria.

Sistemas alternativos incluem escolas religiosas, que têm o mesmo currículo que as estaduais, mas reforçam seus valores particulares; as escolas Waldorf, baseadas na filosofia de Rudolf Steiner, que enfatizam a criatividade; e as escolas Montessori.

Se você conhece uma família com filhos pequenos, lembre-se de que o primeiro dia de escola é um grande rito de passagem, marcado pelo oferecimento do já citado *Schultüte* (veja página 58).

A diferença mais clara entre o ensino praticado no Brasil e na Alemanha é que os alemães se especializam muito mais cedo. Eles são preparados para um mercado de trabalho razoavelmente específico dos 12 aos 14 anos, e o sistema educacional segue o estilo "de cima para baixo", sendo monitorado por provas padronizadas e regulares. O ensino brasileiro nos níveis fundamental e médio tem desenvolvido muito mais opções de ensino centradas no aluno, com avaliações contínuas, trabalhos em grupo etc. O crescente individualismo entre os estudantes alemães tem criado demandas por um sistema de ensino menos "engessado", suscitando debates entre pais e teóricos do ensino alemães.

TV E RÁDIO

Um dos prazeres de estar no centro da Europa é que as pessoas têm acesso a programas de todo o continente. O sistema alemão de televisão via satélite oferece a seus espectadores programação gerada na Alemanha, na Espanha e na Turquia, bem como da CNN, do Eurosport e de outros canais internacionais. A maioria das casas e dos edifícios residenciais tem cabeamento via satélite.

A Alemanha trabalha com base no sistema PAL-B/G, diferente do NTSC e do PAL. Você consegue rodar videocassetes PAL, mas pode haver problemas com a transmissão em televisores fabricados em outros países. A recomendação é comprar o televisor na Alemanha.

Diferentemente da prática existente em muitos países, os programas de televisão alemães são todos transmitidos no próprio país. Isso significa que, essencialmente, os filmes e séries americanos são dublados na Alemanha. A menos que você goste de assistir a *Friends* em alemão, procure um aparelho que tenha um botão para permitir que você ouça o som original, e não o dublado.

Sem uma recepção via satélite ou de TV a cabo, a televisão alemã é bastante limitada. Há três transmissoras públicas, ARD, ZDF e uma rede de estações regionais, todas transmitidas nacionalmente, sendo que algumas replicam a programação das outras.

Em muitos países, paga-se por uma única licença que cobre todos os aparelhos de rádio e TV da casa. Os alemães pagam uma taxa de licença anual para cada aparelho de rádio ou TV que usem. Registre-se no *Gebühreneinzugszentrale*, ou GEZ (escritório que recebe essa taxa).

Quando você assiste à televisão alemã ou acessa uma agência noticiosa, a oferta de material sexualmente explícito é relativamente aberta. Os alemães não são nada pudicos sobre sexo e o tratam de forma muito trivial. O que os aborrece não é o sexo, mas a violência. Assim, alguns vídeos ou filmes que você pode achar corriqueiros serão muito malvistos pelos alemães, enquanto programas que você pode considerar inaceitáveis para ser vistos por adolescentes, por exemplo, serão perfeitamente aceitáveis nas casas alemãs.

Há um sistema de orientação dos espectadores com relação à apresentação de filmes, o chamado *Freiwillige Selbstkontrolle*, com cinco categorias: *Ohne alterbeschränkung* (sem limite de idade), *ab 6 jahre, ab 12 jahre, ab 16 jahre* e *ab 18 jahre* (destinados a públicos a partir de 6, 12, 16 e 18 anos, respectivamente).

RECLAMAÇÕES

Esteja preparado: os alemães são diretos e enérgicos sobre serviços ruins, aluguéis altos ou comportamentos inaceitáveis, além de expressarem suas opiniões em geral. Se alguém reclamar de você, aceite a crítica e não se sinta ofendido, e, se for você quem estiver reclamando, lembre-se de que há uma diferença entre ser franco e não ter tato. Acima de tudo, não reclame que você está numa nação de reclamões. Não é verdade.

Expressando o que você pensa
De madrugada, num aeroporto da Alemanha, o motorista de táxi alemão apanhou cinco passageiros para levá-los a seus respectivos hotéis. Afinal de contas, ele explicou, era melhor sofrer um pouco com o desconforto do que esperar para ser levados um de cada vez. "E para você também não é nada ruim", cutucou uma passageira alemã, "pois está cobrando as tarifas cheias." "Só podia mesmo ser alemã!", suspiraram todos os passageiros não alemães. "Que grosseria!"

Muito embora fosse verdade o que a passageira alemã estava dizendo, os outros passageiros achavam que deviam agradecer ao taxista por sua disposição em violar as regras. No entanto, os alemães jamais deixam de expressar como veem as coisas, e não entendem a relutância dos brasileiros, e de pessoas de outras nacionalidades, em reclamar.

VOCÊ É *STAMMTISCH*?

Pergunte às pessoas qual é o centro da casa e você obterá diferentes respostas. Para a maioria delas, é a sala de estar, para outras é o quarto, para outras ainda é a cozinha. Mas, para os alemães, é em torno de uma mesa, conversando. A mesa, quer na sala de estar, quer na cozinha, é o local onde acontecem as comunicações e a vida. Quando há tempo, os alemães ainda preferem se sentar e conversar ao redor de uma mesa a ver televisão.

Eles fazem isso tanto em casa como fora. A Alemanha tem, em muitos aspectos, uma cultura de pub. As pessoas vão beber e se socializar nos bares, onde se sentam em volta das mesas, às vezes famílias inteiras, para beber e conversar — e cantar. Trata-se de um ponto de encontro popular.

Stammtisch é uma palavra que você deve aprender. Os pubs e as cervejarias geralmente têm uma mesa reservada para clientes regulares. Se você, como um estranho, se sentar a essa mesa, vão lhe pedir educadamente que você troque de lugar, pois você não é um *Stammtisch*, ou seja, um cliente regular da mesa. Numa casa alemã, você saberá que realmente faz parte da família quando, em vez de relaxar nas confortáveis e largas cadeiras da sala de estar, você estiver acomodado em torno da mesa da cozinha ou da sala de estar, numa cadeira dura, com uma bebida na mão, discutindo sobre os assuntos do dia. Não se surpreenda se, quando convidado para o jantar, você se vir sentado em torno da mesa por uma hora após o término da refeição, conversando alegremente em meio a uma rodada de bebidas ou cafés.

ALTERAÇÃO NOS ESTILOS DE VIDA
Talvez você se lembre daquela antiga piada segundo a qual nos Estados Unidos tudo é permitido, exceto o que é expressamente proibido, e na Alemanha tudo é proibido, exceto o que é expressamente permitido. Ao ler este capítulo, você talvez comece a pensar que esse é efetivamente o caso. É importante lembrar que, para os alemães, uma sociedade ordenada gera uma vida melhor, mais fácil e mais produtiva para todos. Portanto, eles estão preparados para suportar o que podem ser consideradas restrições triviais sobre a liberdade pessoal em nome de um bem maior, tanto pessoal como social. Os estrangeiros que moram e trabalham na Alemanha rapidamente se acostumam com esse estilo de vida e, na repatriação, geralmente sofrem com a "anarquia" da sociedade para onde retornaram.

No entanto, as coisas estão mudando na Alemanha, e há crescente individualismo e rebelião contra a sociedade ordenada. A exemplo do restante da Europa Ocidental, há aumento significativo no número de pessoas que vivem juntas sem se casar e de famílias constituídas de uma mãe ou um pai solteiro. Há ainda certos arranjos na vida comunitária, chamados *Wohngemeinschaften*, em que as pessoas moram juntas em uma relação comunitária.

À medida que mudam os estilos de vida, mudam também as atitudes das crianças. A escola e os pais educam seus filhos para que eles sejam independentes, autoconfiantes e, acima de tudo, cidadãos responsáveis (*mündiger Bürger*), politicamente conscientes, questionadores e interessados em soluções. Hoje em dia, os estudantes universitários aceitam muito menos as antigas convenções do ensino. Seguindo a geração que derrubou o Muro de Berlim, os jovens ainda estão rompendo uma série de preceitos que norteavam a vida de seus pais e migrando para um estilo de vida mais individualista e libertário.

Como estrangeiro visitando ou morando na Alemanha, para cada alemão "tradicional" que você encontrar, haverá um se rebelando contra a ordenação da sociedade, em busca de novas ideias, novos pensamentos e novos métodos de fazer as coisas. Isso configura uma aventura intelectual e uma mistura empolgante.

Capítulo **Seis**

ENTRETENIMENTO

Os alemães têm muitos dias de folga, além de uma semana de trabalho de apenas 37 horas, ou até menos em alguns lugares.

De modo geral, as pessoas não fazem hora extra, e a maioria dos escritórios fecha às 17 horas. Além disso, como vimos, eles têm até quinze feriados nacionais ao ano, e, a exemplo de outros países, se um feriado cai numa quinta-feira, as pessoas geralmente emendam e só retornam ao trabalho na segunda.

As férias anuais alemãs são generosas. Elas têm duração mínima de quatro semanas e podem se estender até seis semanas para executivos seniores. Maio e junho são os períodos mais comuns de férias, assim como julho e agosto.

Os benefícios relativos a maternidade e a doenças também são relativamente generosos. As mães têm licença remunerada de até seis semanas antes do nascimento do bebê e de até oito semanas após.

Os trabalhadores têm direito a licença-saúde de até seis semanas, totalmente remunerada, e podem reivindicar visitas regulares a spas para tratamentos de saúde (*Kur*), se houver recomendação médica. "Ir ao *Kur*" não é raro nas empresas alemãs. Mas como os alemães preenchem todo esse tempo livre?

COMPRAS

Os alemães compram tanto por lazer como por necessidade. Fazer compras na Alemanha difere um pouco de outros países, pois os alemães costumam comprar muito mais em empórios e lojas especializadas do que em supermercados. Isso porque os cozinheiros do país ainda preferem comprar ingredientes frescos locais a congelados e pré-preparados. Certamente existem supermercados, mas as lojas especializadas são muito mais interessantes. Os alemães, assim como os italianos, valorizam a qualidade dos alimentos frescos e apreciam a variedade sazonal.

Itens de padaria (*Bäckerei*)
Pães frescos, bisnagas, pretzels e pizzas.
Abrem geralmente muito cedo.

Itens de açougue (*Metzgerei* ou *Fleischerei*)
Carnes e linguiças cozidas e cruas.

Itens de mercearia (*Lebensmittelgeschäft*)
Uma variedade de produtos alimentícios.

Itens hortifrutigranjeiros (*Obst- und Gemüseladen*)
Frutas e legumes.

Itens de farmácia (*Apotheke*)
Os produtos farmacêuticos são vendidos em dois tipos de lojas. A *Drogerie* vende cosméticos e produtos de higiene, ao passo que a *Apotheke* oferece medicamentos. Os farmacêuticos podem indicar remédios, e há um sistema de rodízio semanal para assegurar que uma farmácia esteja de plantão para o atendimento de prescrições urgentes.

Na maioria das cidades, há uma feira livre semanal, normalmente anunciada no jornal local e realizada no centro; elas vendem flores, carnes, peixes e legumes. Diferentemente da França, da Itália e do Brasil, você não é estimulado a pegar e apertar as frutas antes de comprá-las.

Como é de esperar, os alemães são clientes ordeiros que aguardam em fila e observam a ordem de atendimento. Algo que surpreende muitos estrangeiros é que os alemães tratam uma loja, embora não um supermercado nem uma loja de departamentos, como um espaço comunitário, cumprimentando a todos quando entram com um generalizado *Guten Morgen* ou *Guten Tag*, ou, no sul, com um *Grüss Gott*. Na qualidade de estrangeiro, não se espera que você faça o mesmo, mas, à medida que você se sentir mais próximo da comunidade, vai descobrir que essa saudação é uma coisa amigável e simpática de se fazer.

Os alemães gostam de receber produtos, preços e trocos corretos, e fazem perguntas persistentes para se certificar de que obtiveram precisamente o que queriam ou receberam exatamente o troco correto. Isso pode levar um pouco de tempo. O preço marcado já inclui o imposto.

FECHAMENTO AOS DOMINGOS

Durante a semana, as lojas abrem em torno das 8 ou 9 horas e fecham às 20 horas. Algo que surpreende muitos visitantes é o fechamento das lojas aos fins de semana. Aos sábados, as lojas podem permanecer abertas até as 18 horas, mas também podem fechar mais cedo. Aos domingos, não apenas as lojas, mas os supermercados de grandes cidades, ou próximos a elas, também fecham. As padarias, no entanto, podem ficar abertas por algumas horas, para a fornada de pães frescos do café da manhã que os alemães tanto adoram. Os únicos estabelecimentos comerciais que abrem aos domingos são os postos de gasolina 24 horas. Nos quatro dias que antecedem o Natal, as lojas ficam abertas até as 18 horas.

BANCOS

Os bancos na Alemanha ficam abertos das 8h30 às 16 horas, e alguns permanecem abertos até as 17h30 às quintas-feiras. Bancos pequenos podem fechar para o almoço, entre 13 e 14h30. Nenhum deles abre aos fins de semana.

A Alemanha faz parte da Zona do Euro, e a antiga moeda, o marco, foi substituída pelo euro. No entanto, outras tradições não mudaram. A sociedade alemã é movida por dinheiro em espécie, e nem todos os restaurantes e lojas aceitam cartões de crédito como forma de pagamento. Um gerente britânico disse que usava o mesmo número de cheques por ano na

Alemanha quanto usava em um mês no Reino Unido. A maior parte dos alemães tem uma *Girokonto* (conta-corrente) ou uma *Sparkonto* (conta-poupança). As contas diárias são pagas com a *Girokonto*. Prestadores de serviços em domicílio, como faxineiras, entregadores e encanadores, podem simplesmente lhe dar uma fatura e pedir que você faça um depósito direto na conta deles. As ordens de pagamento (*Daueraufträge*) são usadas para pagamentos regulares, como aluguéis; os débitos diretos (*Lastschriftverfahren*), para pagamentos de serviços públicos; e as transferências (*Überweisungen*), para pagamentos eventuais. Há um aumento crescente do uso de bancos pela internet.

O alemão comum não utiliza cheques pessoais, mas pode ocasionalmente utilizar eurocheques, uma espécie de cheque de viagem. Onde são aceitos cartões, o débito é muito mais utilizado, devido à aversão dos alemães à modalidade de crédito. Eles preferem pagar as coisas com o dinheiro do salário e, caso não o tenham, adiar a compra até que esteja disponível. Os caixas automáticos, chamados *Geldautomaten*, estão disponíveis em todas as cidades, e normalmente são aceitas as bandeiras Cirrus, Visa e Plus.

RESTAURANTES, ALIMENTOS E BEBIDAS
Você sabe onde encontrar algumas das melhores mesas italianas fora da Itália? Tente Frankfurt am

Main. As maiores cidades alemãs se tornaram centros da cozinha multicultural, graças aos alemães que viajam pelo mundo inteiro e adquiriram gosto pela cozinha internacional. No entanto, aonde você iria para provar a cozinha alemã?

A primeira coisa a dizer é que o padrão da cozinha alemã é, de modo geral, bom, saboroso, razoavelmente saudável e limpo. Os alemães se orgulham de ter alimentos frescos e de boa qualidade. Entre as carnes, a de porco é a mais consumida, e é fácil encontrar comida vegetariana. A exemplo de muitas nacionalidades, os alemães estão sujeitos a alguns estereótipos ligados à comida: se os britânicos comem peixe e fritas, e os americanos, hambúrgueres, então os alemães não comem nada além de chucrute com salsicha. É verdade que eles consomem uma quantidade espantosa de salsichas, mas também comem carne de veado, javali, codorna e pato, assim como uma grande variedade de frutos do mar nas regiões norte e leste.

É raro comer um lanche ou uma refeição de má qualidade na Alemanha, embora não seja impossível. Para comer lanches rápidos, os alemães vão a uma *Stehimbiss* ou *Schnellimbiss* (lanchonete). Há estabelecimentos onde você come de pé ou compra comida pronta para levar, e eles servem *Fritten* ou *Pommes* (batatas fritas), *Kartoffelsalat* (salada de batatas), *Bratwurst* (salsicha) e talvez kebabs. Essas lanchonetes geralmente pertencem a uma rede, como a Nordsee (especializada em peixes), a Wienerwald (especializada em frango) ou o McDonald's.

Para provar a cozinha regional, vá a uma típica *Gasthaus* ou *Gasthof* (estalagem) alemã. Elas servem pratos locais e regionais, podendo ser peixe no norte ou bolinhos de carne (*Knödel*) no sul. A maioria dos restaurantes que você visitar provavelmente vai lhe apresentar cardápios tanto em alemão como em inglês, ou os garçons normalmente serão capaz de explicar em inglês como são os pratos. Muitos restaurantes, especialmente os administrados por famílias, fecham um dia na semana, normalmente na segunda-feira.

Bebidas

A cerveja é, de longe, a bebida alemã mais famosa. Embora a *lager* seja, de modo geral, pensada como a clássica cerveja alemã, há na realidade grande variedade de tipos. Existem mais de 1.500 cervejarias na Alemanha. Em Colônia, você pode experimentar uma *Kölsch*; em Düsseldorf, uma *Alt*; no sul, você pode encontrar a *Weizenbier*; e, no leste, diferentes tipos de *Pils*.

A Alemanha também produz vinho, especialmente branco, tradicionalmente chamados de *hocks* ou *moselles*. Você pode encontrar rieslings elegantes e revigorantes originários do vale do Mosela, e vinhos

TIPOS DE CERVEJA ALEMÃ

Alt ou **Altbier**
Cerveja vermelho-amarronzada muito fermentada, do tipo tradicional, relativamente parecida com uma *ale* inglesa.

Dunkel
Cerveja escura (da torração do malte). A categoria *Dunkel* inclui as *lagers* pretas e as cervejas de trigo pretas.

Hefeweizen, **Weissbier** ou **Weisse**
Cerveja de trigo, acondicionada em garrafa (*hefe* = levedo), ligeiramente turva, com sedimentos. A *Weissbier* tem um sabor característico de tutti-frutti.

Kristal ou **Kristallweizen**
Cerveja de trigo filtrada para remover os sedimentos.

Lager
Palavra alemã para "estoque". A *lager* é lentamente fermentada por um levedo fermentador colocado no fundo. Originalmente um estilo da Munique preta. Atualmente predominam as *pale lagers Pilsener*.

Pils ou **Pilsener**
Estilo clássico da *pale lager* desenvolvido no século XIX, em Pilsen, para produzir uma cerveja de sabor limpo e muito claro.

Kölsch
Estilo de cerveja de Colônia, não uma *lager*, mas uma *ale* dourado-clara, fermentada no topo. Outras terminologias úteis são: *hell* ou *helles* = clara; *Roggen* = centeio; *Kloster* = claustro (cerveja originalmente feita num convento ou monastério).

Berliner Weisse
Cerveja de trigo fermentada no topo e acondicionada em garrafa, feita tanto pela fermentação tradicional com levedo como com cultura de lactobacilos. Sua aparência é dourado-clara, cor de palha, e sua espuma desaparece rapidamente. O sabor é refrescante, picante, azedo e ácido, com um gosto cítrico que lembra limão e quase nenhum amargor do lúpulo. Os berlinenses muitas vezes adicionam xarope de framboesa ou de gálio (espécie de planta nativa da região) para reduzir a acidez da bebida — aliás, provavelmente vão lhe perguntar "vermelha ou verde" quando você pedir essa cerveja —, mas vale a pena experimentá-la pura. Os nativos também costumam bebê-la de canudo, que certamente não é a melhor maneira de apreciar uma cerveja. A *Berliner Weisse* cai bem no aperitivo, acompanhada de queijos e saladas.

franconianos distintivamente pétreos do norte da Baviera. A maior região produtora de vinhos é Renânia-Palatinado, ao norte da Alsácia, que produz vinhos encorpados. Quando for escolher um vinho, lembre-se das palavras *süss* e *lieblich* (doce) e *trocken* (seco). Os vinhos alemães se classificam em diferentes categorias de qualidade. Você tem o *Tafelwein* (vinho de mesa), consumido no dia a dia e perfeitamente aceitável, o *Qualitätswein* (vinho fino), que é testado oficialmente, e o *Qualitätswein mit Prädikat* (vinho particularmente fino).

A Alemanha tem sucos de fruta excelentes (*Orangesaft*, *Apfelsaft*), mas a maioria dos alemães bebe água com gás, mesmo em casa. As bebidas geralmente são servidas sem gelo ou com apenas um ou dois cubos. Você pode pedir também água sem gás (*ohne Kohlensäure*), mas ela nem sempre está disponível.

Etiqueta nos restaurantes

De modo geral, você será servido numa mesa, inclusive nos pubs. A onipresente "bolacha de chope" é utilizada para manter o controle das bebidas que você tomou. Em algumas partes da Alemanha, é servido um copo de água acompanhando o café, o chá ou as bebidas alcoólicas.

É interessante notar que, embora a etiqueta à mesa seja praticamente a mesma que no Brasil, os alemães tendem a ser mais escrupulosos em relação às convenções e no geral não gostam de *finger food* (petiscos para comer com a mão).

Aproximadamente metade das cervejarias do país está localizada na Baviera, e Munique é a capital da cerveja. A bebida feita localmente é degustada na área ao ar livre (*Biergarten*) da própria cervejaria, em mesas de madeira em que, por tradição, as pessoas podem levar os próprios alimentos e comer debaixo das castanheiras, contanto que comprem cerveja. Tradicionalmente, o *Biergarten* fica acima das adegas, e as árvores são plantadas para manter a cerveja fresca. O equivalente no inverno é o *Bierkeller* (adega de cerveja, subterrânea) ou o *Bierhalle* (sala de cerveja, no nível do chão), onde as pessoas se sentam a mesas longas para beber. Nasceu dessa atividade comunitária a tradição de entoar canções enquanto se bebe. Outro local popular onde se beber é o *Bierstube*, ou pub.

A palavra equivalente a "Saúde" em alemão é *Prost*. Um bebedor de cerveja erguerá o copo e dirá *Prost*, e então brindará com você com um tilintar de copos. O ato de beber dura algum tempo e é acompanhado de petiscos, de modo que as pessoas ficam "alegres" ou "altas", mas não exageradamente bêbadas. Certamente as leis bastante rígidas relativas a beber e dirigir asseguram que um número muito reduzido de pessoas corra o risco de beber e pegar no volante.

Antes de comer, as pessoas normalmente dizem *Guten Appetit* ("Bom apetite"), e você pode responder *Guten Appetit* ou *Danke, ebenfalls* ("Obrigado, igualmente"). Vale lembrar que os alemães tendem a manter ambos os talheres nas mãos enquanto comem — eles não cortam toda a comida antes de comer para depois usar o garfo na mão direita. Eles também usam facas especiais para peixes quando é servido esse tipo de alimento. Não corte bolinhos de carne ou legumes com a faca, pois isso sugeriria que eles estão malcozidos. Mastigar com a boca aberta e falar enquanto come são considerados maus modos, assim como mascar chiclete.

Em alguns estabelecimentos populares onde não se fazem reservas, as pessoas às vezes compartilham as mesas. Você pode se ver sentado num banco longo compartilhando com outras pessoas uma mesa igualmente longa. Essa disposição é típica das cervejarias. Se você ouvir um ganido ou um latido repentino vindo de debaixo da mesa, não se preocupe — os cachorros dos donos são bem-vindos na maior parte dos restaurantes. Você vai notar que, na Alemanha, as pessoas fumam mais do que em outros países.

Garçons e garçonetes

Para chamar a atenção do garçom ou da garçonete, levante a mão e, se necessário, chame *Herr Ober* (garçom) ou *Fräulein* (garçonete). Ao receber a conta (*die Rechnung*), se precisar de um recibo, peça um *Quittung*. É bastante comum receber contas separadas se você estiver num grupo, mas informe antecipadamente ao garçom ou à garçonete.

Gorjetas

Por lei, a taxa de serviço está incluída na conta dos restaurantes, portanto deixar gorjeta é um presente especial por um bom serviço. A maioria dos alemães simplesmente arredonda a conta para o euro mais próximo e pede o troco descontada a gorjeta. Essa gorjeta é conhecida por *Trinkgeld* (dinheiro da bebida). Os garçons alemães não dependem de gorjetas para compor o salário, então, se você for dar gorjeta de modo mais formal num restaurante caro, o usual é deixar 10% do valor da conta.

LAZER

Não, não são apenas *Lederhosen*, *Dirndl* e *Steins* transbordando de cerveja e bandas de metais típicas da Oktoberfest. Há uma enorme variedade de atividades que interessam aos alemães, tanto em ambientes fechados como ao ar livre.

Descobrindo o que está disponível

A maioria das cidades alemãs tem uma secretaria de turismo que dá recomendações e promove locais para visitar e coisas para ver e fazer.

Há uma ampla variedade de acomodações na Alemanha, todas limpas e funcionais, desde hotéis cinco estrelas até trailers. Elas são descritas nas páginas 122-23.

Festivais e parques temáticos

Já mencionamos os grandes festivais, mas todo povoado ou vilarejo tem seu festival anual, e vale a pena procurá-los. Você também encontrará uma série de parques temáticos que fornecem dias maravilhosos ao ar livre para as crianças, como a Phantasialand, próximo de Colônia, ou o Warner Brother's Movie World, perto de Essen.

CULTURA ERUDITA

A Alemanha tem mais museus do que a maioria dos outros países. Diz-se que qualquer cidade com mais de dez mil habitantes tem pelo menos dois museus. Só Berlim tem mais de cem. Esse número espantoso aponta o grande interesse que os alemães têm por sua própria cultura. Há uma consciência coletiva e um interesse permanente pela cultura erudita, difíceis de encontrar em outro lugar.

Isso é particularmente evidente na tradição alemã da ópera e do teatro. Esse é um legado do período em que o país foi dividido em principados independentes, e cada principado disputava os melhores compositores e orquestras da Corte.

Compositores de fala alemã, como Mozart, J. S. Bach, Beethoven e Haydn, quer alemães ou austríacos, se beneficiaram desse apoio às artes, que continua até os dias de hoje na forma de generosos subsídios do governo federal. O resultado são algumas das melhores orquestras do mundo, das quais as mais famosas são a Filarmônica de Berlim — elevada à fama sob a regência magistral pós-guerra de Herbert von Karajan e, antes dele, por Wilhelm Furtwängler e Arturo Toscanini — e a Orquestra Gewandhaus de Leipzig, cujo ex-diretor, Kurt Masur, hoje trabalha nos Estados Unidos.

Além da ópera clássica e dos concertos de orquestras e balés, há uma cena bastante rica de blues, jazz e rock alemães, a qual obtém pouca publicidade fora do país.

Os grandes subsídios locais para a ópera e o teatro alemães significam que os preços são razoáveis e que todas as pessoas podem frequentá-los. Há uma audiência ampla de todos os estratos da sociedade, embora talvez não haja muitos jovens. As roupas usadas para ir à ópera ou ao teatro podem variar do smoking e do vestido de gala até o *smart casual* (casual elegante). Parece que na Alemanha a lacuna entre a cultura popular e a erudita é menos pronunciada que em outras partes da Europa. Isso se deve largamente ao forte apoio dado pelo Estado à execução das artes e ao impulso para torná-las acessíveis a mais pessoas. Mas também pode se dar em razão do sistema educacional alemão, que enfatiza uma abordagem séria no que concerne à arte e à cultura.

CULTURA POPULAR

A maioria das pessoas já ouviu falar de Reeperbahn (rua que concentra a vida noturna de Hamburgo) e dos clubes e bares de St. Pauli, na mesma cidade, onde os Beatles começaram a fazer sucesso no fim da década de 1950, antes de explodirem no cenário internacional da Inglaterra e dos Estados Unidos entre 1962 e 1964. Mas provavelmente poucas pessoas já ouviram falar dos bares, das discotecas e da música tecno alemã nas maiores cidades.

Os alemães estão entre os povos mais tolerantes das nações europeias no tocante à expressão pública da sexualidade, tanto gay como heterossexual. Berlim tem um próspero cenário gay, e sua famosa Love Parade é uma grande festa tecno a céu aberto. Motéis podem ser encontrados facilmente nas cidades, às vezes com néon em forma de corações iluminando a fachada, funcionando como pontos de encontro para os amantes.

ATIVIDADES NO CAMPO

Já vimos que uma das primeiras coisas que chamam a atenção dos turistas que sobrevoam as cidades alemãs, inclusive Berlim e Frankfurt am Main, é a extensa área verde que as rodeia. Essas regiões florestais permitem que as cidades e seus habitantes respirem, e as prefeituras alugam cabanas nas florestas para famílias que desejem fazer churrascos ou festas na região rural. Caminhadas e passeios, especialmente em grupo, são atividades populares de fim de semana, assim como o ciclismo.

ESPORTES

A preparação física e o esporte organizado têm uma longa história na Alemanha. Eles foram introduzidos na educação alemã durante as guerras contra Napoleão, entre 1797 e 1815, como meio de assegurar que os cidadãos tivessem aptidão física para o treinamento militar. No começo do século XX, o movimento *Turn- und*

Sportsverstände (ginástica e esportes) se espalhou pela Alemanha e se tornou muito popular. Muitas das associações e clubes esportivos alemães datam dessa época, e, nos Estados Unidos, o *Turnverein*, ou clube de ginástica, é parte da tradição germânico-americana. Na década de 1920, o movimento jovem *Wandervögel* (literalmente, "aves migratórias") varreu o país, promovendo aproximação com a natureza, atividades ao ar livre, especialmente caminhadas, e a cultura popular. Infelizmente, esses movimentos idealistas e saudáveis foram suplantados pela adesão obrigatória à Juventude Hitlerista na década de 1930. O famoso documentário propagandístico sobre os Jogos Olímpicos de Berlim em 1936, de Leni Riefenstahl, é uma ode à perfeição física. Após a Segunda Guerra Mundial, a Alemanha Oriental comunista também fez da aptidão física um fetiche, utilizando seus feitos esportivos para promover o regime.

Hoje, os alemães continuam a ser entusiastas dos esportes. Ninguém precisa nos lembrar dos feitos dos times de futebol alemães, tanto na Europa como na Copa do Mundo, e as estrelas alemãs têm se tornado celebridades mundiais. No entanto, os alemães são igualmente fanáticos por tênis, handebol, basquete, tiro ao alvo, equitação, hóquei, ciclismo, Fórmula 1 e muitos outros esportes.

Eles acompanham seus times apaixonadamente, mas também praticam esportes ativa e individualmente. São bastante participativos, e os clubes de tênis, futebol, hóquei, equitação, ciclismo, caminhadas e alpinismo recebem grande apoio. No verão, grupos de amigos saem para praticar esportes nos fins de semana, e as rodovias ficam abarrotadas de carros grandes transportando bicicletas de passeio e de corrida, caiaques, canoas, esquis e barcos.

Capítulo **Sete**

VIAGENS

Você está numa autoestrada, dirigindo e desfrutando o cenário a 110 km/h. Você dá uma olhada rápida no espelho retrovisor: não tem mais nenhum carro na estrada. De repente, você vê um Mercedes ou um BMW ultrapassando seu carro a 190 km/h. De onde esse carro surgiu? Essa é sua primeira lição. As autoestradas alemãs são excelentes, rápidas e há faixas sem limite de velocidade. A engenharia automotiva e os motoristas alemães tiram plena vantagem disso. Sem problemas, contanto que você não atrapalhe a faixa externa (do lado esquerdo) e efetivamente olhe no retrovisor. No entanto, vale lembrar que, se você se envolver numa colisão em alta velocidade e sobreviver, poderá perder a carteira de motorista, mesmo se não for o culpado.

Os carros na Alemanha, ainda mais que em outros países, são um símbolo de status, e é importante que seu carro esteja limpo, revisado e em boas condições. O TÜV, ou *Technischer Überwachungsverein*, é responsável pela inspeção de todos os veículos com mais de três anos de uso, e os testes são conduzidos com extremo rigor.

Dirigir na Alemanha é muito prazeroso, e o transporte público funciona bem e é acessível. No país, se um trem está quatro minutos atrasado, as pessoas na plataforma resmungam que o país está falindo. No Reino Unido, em contrapartida, se um trem está quatro minutos atrasado, as pessoas suspiram de alívio porque pelo menos uma vez ele está no horário. Na Alemanha, espera-se que o transporte e os serviços públicos funcionem. Uma característica interessante da indústria alemã é que empresas de pequeno e médio porte estão frequentemente situadas em subúrbios mais distantes e tranquilos, a diversos quilômetros do centro das principais cidades. O fato de que elas consigam funcionar nesses locais se deve inteiramente à eficiente rede de transporte público do país.

As cidades alemãs têm uma variedade de sistemas de transporte público, que vão de bondes e ônibus a trens e metrôs. De modo geral, o sistema é rápido, eficiente e, acima de tudo, bem organizado. A qualidade da rede de transporte revela o senso de ordem alemão. Existe até uma piada que diz que você pode acertar seu relógio pela chegada e pela partida dos trens alemães, mas o que está por trás disso é a noção de que os atrasos são um descuido e uma falta de respeito.

BOM SENSO NO TRÂNSITO DA ALEMANHA

- Os alemães são bons em controlar as coisas. Portanto, nos pontos em que houver limite de velocidade, espere a presença de radares.
- O tráfego começa a se formar cedo nas grandes cidades. Prepare-se para grandes congestionamentos já às 7 horas da manhã e planeje sua rota considerando isso.
- As férias escolares provocam caos nas rodovias, principalmente no entroncamento das maiores cidades. Esteja preparado!
- Se não houver placas que apontem outra coisa, o tráfego que vem da direita tem a preferência.
- Os ciclistas são comuns nas cidades. Eles são considerados usuários das ruas com direitos iguais aos do tráfego motorizado. A maioria das cidades tem ciclovias, e, se você estiver atravessando uma ciclovia à direita, o ciclista tem preferência de passagem.
- Nas cidades e povoados alemães, as faixas de pedestres são muito mais guias do que paradas legalmente vigentes. Esteja preparado para a possibilidade de que, se você parar o carro para a passagem dos pedestres, o carro que vem atrás talvez não pare! Verifique o espelho retrovisor antes de parar.
- Por outro lado, os motoristas alemães normalmente param o carro para os pedestres que estiverem atravessando em ruas ou saídas estreitas.

- Trens e bondes são comuns em muitas cidades alemãs. Se você estiver atrás de um desses veículos quando ele parar, por lei deverá esperar que todos os passageiros desçam e saiam da rua. Não tente ultrapassá-lo.
- Na antiga Alemanha Oriental, e menos frequentemente na Alemanha Ocidental, você poderá ver setas verdes nos semáforos que permitem que você vire à direita, embora o sinal esteja vermelho. Isso se aplica apenas a conversões à direita, quando não interferem com o trânsito que está passando.
- Todas as pessoas que estiverem no carro, tanto na parte da frente como na de trás, devem usar cinto de segurança. Crianças menores de 12 anos precisam de um cinto de segurança especial.
- Um carro alemão que pisca os faróis atrás de você numa autoestrada não está falando "oi", mas pedindo que você saia do caminho rapidamente!
- Os alemães conhecem bem seus códigos e sinais de trânsito (resultado de extensivos testes escritos e orais). Se você estiver na Alemanha não só como turista, também deve conhecê-los.

SE VOCÊ FOR PEGO

A polícia é bastante rigorosa ao aplicar as leis de trânsito, e as multas são pesadas. Isso vai de multas por estacionamento em local proibido a acidentes de trânsito. Se você estacionar sobre uma ciclovia ou obstruindo outros veículos, seu carro pode ser guinchado. A polícia lhe dirá aonde ir e quanto pagar para recuperá-lo.

Por lei, você é obrigado a portar seus documentos de viagem no carro e um triângulo de segurança vermelho e branco para uso no caso de acidentes, a fim de avisar os carros atrás de você que seu carro está parado. Os motoristas alemães também têm de portar um estojo de primeiros socorros, fazer cursos básicos nessa área e, por lei, administrar esses cuidados, se necessário.

Mesmo em acidentes menos graves, geralmente é uma boa ideia chamar a polícia. Você deve anotar o número do registro do carro do outro motorista, o nome e o endereço dele e, se possível, o nome da seguradora. É comum os motoristas trocarem os documentos do carro a fim de verificar essas informações. Obviamente, quando possível, também é uma boa ideia pegar o nome e o endereço de testemunhas.

Se você for flagrado dirigindo em velocidade além do limite permitido, poderá pagar a multa com dinheiro vivo no próprio local da autuação ou recebê-la pelo correio. Nesse caso, você receberá um formulário com a multa para pagamento no banco.

BEBER E DIRIGIR

As restrições ao álcool são muito rígidas na Alemanha e estritamente aplicadas. Testes de bafômetro aleatórios são bastante comuns. Aos motoristas, é permitido um nível de álcool de 0,5 *promille*, ou seja, 50 miligramas, equivalente a um limite de 0,05% ou 0,5 grama por litro de sangue. É possível atingir esse limite após o consumo de apenas uma cerveja. Se você for convidado para jantar fora, seus anfitriões estarão bem cientes dessa restrição e ficarão preocupados com suas condições ao volante, caso você esteja correndo o risco de ficar acima do limite.

CARROS E CARTEIRAS DE MOTORISTA

As carteiras de motorista são emitidas pelo *Kraftfahrzeugsamt* (KFZ-Amt). Contate o escritório local para fazer quaisquer perguntas sobre a carteira ou sobre permissões para dirigir. Cidadãos dos Estados Unidos, do Canadá ou do Reino Unido podem dirigir por até um ano no país com a carteira original ou com uma carteira internacional de motorista. No entanto, qualquer carteira não alemã deve estar acompanhada da tradução para o alemão, que poderá ser obtida no ADAC local (*Allgemeine Deutscher Automobilclub* — Clube Automobilístico da Alemanha).

Após seis meses, você vai precisar de uma carteira de motorista alemã. Obtenha-a antes desse tempo. Cidadãos de países da União Europeia podem simplesmente trocar a carteira nacional por uma alemã. Se não for o seu caso, dirija-se a uma autoescola (*Fahrschule*) e faça um curso de primeiros socorros. Para obter a carteira de motorista, você vai precisar de um requerimento, da autorização de residência, duas fotos de passaporte, a carteira de motorista atual, com a tradução para o alemão, o certificado da autoescola, do curso de primeiros socorros e do teste de visão. Todos esses documentos devem ser levados à delegacia de polícia local para processamento.

PEDESTRES

Os brasileiros podem sentir alguma dificuldade ao andar a pé pelas cidades alemãs, pois não costumam esperar pacientemente para atravessar a rua. Os alemães não atravessam a rua fora da faixa de pedestres, mesmo que não haja nenhum carro passando. Também tendem a esperar pelo sinal verde. Se você não fizer isso, pode ouvir reprimendas dos outros pedestres ou até levar uma multa de algum policial em serviço.

Na Alemanha, as faixas de pedestres são mais para a orientação do tráfego, e não constituem uma regra. Turistas acostumados a ter a preferência ao atravessar sobre a faixa de pedestres podem se surpreender. Verifique se a rua está vazia antes de atravessar!

TRENS

A rede de transporte público é extensa. O sistema ferroviário alemão é conhecido como *Deutsche Bahn* (ferrovia alemã) ou DB. Há trens expressos de hora em hora entre as principais cidades, chamados de ICE ou IC.

Alguns trens especializados em transporte de executivos (por exemplo, com destino às feiras comerciais) têm apenas assentos de primeira classe. Os bilhetes são comprados geralmente no trem, e não na estação, mas em muitas estações espera-se que você revalide seu bilhete antes de entrar no trem, inserindo-o numa máquina perfuradora existente na plataforma. Os destinos, horários e plataformas são bem sinalizados na Alemanha, que utiliza o relógio de 24 horas e o nome dos destinos.

Se sua viagem for longa, vale a pena reservar o assento antecipadamente, contatando um agente de viagens que exiba as iniciais DB. Os funcionários normalmente falam inglês. Evite se sentar num lugar reservado por outra pessoa (marcado *reserviert*), a menos que você vá descer antes que a pessoa embarque.

Você pode comprar um bilhete com o condutor no próprio trem, mas isso envolve pagar uma tarifa extra. Se você vai viajar frequentemente, uma boa ideia é comprar um *Bahnkarte 25* ou *50* (disponível para uma pessoa só ou para a família inteira), que concede um desconto no valor dos bilhetes. Nos círculos "verdes", ele é uma necessidade. O *Bahnkarte* é apenas um de uma variedade de bilhetes com preços reduzidos disponíveis. O *Schönes-Wochenendticket* ("bilhete do fim de semana feliz") permite viagens ilimitadas nas linhas locais, e o *Guten Abend* ("boa noite") oferece preços reduzidos fora dos horários de pico.

Dois bilhetes que vale a pena conhecer devem ser comprados fora da Alemanha. Trata-se do passe ferroviário alemão, que possibilita viagens ilimitadas num período de quatro a dez dias, e o passe Eurail, que permite viagens ilimitadas em dezessete países europeus. Pergunte sobre eles numa agência de viagens. Vale notar que há um serviço de entrega de bagagem; verifique na estação.

TRANSPORTE LOCAL — SERVIÇOS DE ÔNIBUS E BONDE

Na Alemanha, a maioria das cidades tem um serviço de ônibus ou de bonde (*Strassenbahn*), e às vezes ambos. Há bons serviços de ônibus regionais e rurais que conectam os povoados à rede ferroviária. Nas grandes cidades, também há um sistema de metrô chamado *Untergrundbahn* ou *U-Bahn*. Os bilhetes são comprados nas máquinas. As instruções são sempre em alemão, e o sistema às vezes é difícil de entender. Peça ajuda a algum transeunte.

Há dois tipos de sistema de ônibus, um operado pela ferrovia alemã e o outro pela cidade. Geralmente, os horários dos sistemas ferroviário e dos bondes são bem coordenados.

Alguns motoristas de ônibus aceitam o pagamento da passagem dentro do coletivo, mas saiba que, na maioria dos casos, você deverá comprar o bilhete num quiosque ou numa tabacaria *antes* de subir no ônibus. Então você perfura seu bilhete numa máquina no interior do ônibus ou do bonde para validá-lo para aquela viagem. Os alemães confiam que você vai comprar e validar seus bilhetes. No entanto, se um inspetor subir no ônibus e você não tiver feito isso, espere receber uma multa significativa. Existem serviços de ônibus que rodam durante a madrugada toda na Alemanha. Verifique os horários do primeiro e do último ônibus do dia.

TÁXIS

Os táxis disponíveis exibem um sinal iluminado no alto do veículo. Pode-se acenar para eles na rua, pegá-los num ponto ou telefonar para a central. As tarifas são mostradas no taxímetro, e não é comum dar gorjetas, embora os executivos geralmente arredondem o valor e adicionem mais um ou dois euros. É possível que haja um pequeno complemento para o transporte de bagagens e animais de estimação.

ONDE SE HOSPEDAR

Fique tranquilo. Para qualquer lugar que você vá na Alemanha, independentemente da simplicidade das acomodações, os hotéis serão limpos e eficientes, com chuveiro de água quente que funciona. Os alemães esperam ter qualidade e eficiência e, de modo geral, conseguem isso.

Os hotéis alemães estão divididos em cinco categorias ou estrelas, cada qual oferecendo um número e um tipo específicos de instalações. Os *Gasthäuser* (hotéis) são bastante caros, mas os *Hotels garnis* (pousadas) ou *Gasthöfe* (quartos avulsos) são mais razoáveis. As *Pensionen*, que oferecem um café da manhã simples, são ainda mais baratas. De modo geral, são administradas por famílias e podem ser bastante individuais e charmosas. O sinal *Zimmer Frei* indica que há quartos disponíveis.

Há muitos albergues da juventude, quartos em casas particulares ou até apartamentos do tipo quitinete. A secretaria de turismo local, geralmente na estação principal, ou *Bahnhof*, pode ajudar muito, fornecendo recomendações de acomodação que satisfaçam suas necessidades ou até fazendo reservas para você. Há também um escritório nacional de reservas em hotéis, o ADZ Room Reservation Service, Corneliusstr. 34, D-60325 Frankfurt am Main (telefone: 069 74 767). Outra forma de procurar acomodações é consultar o *Guia vermelho Michelin* da Alemanha ou o guia *The Main Cities of Europe*, também publicado pela Michelin.

Os alemães adoram viajar, e há mais de duas mil áreas de acampamento oficiais para acomodar barracas e trailers, bem como a mais abrangente rede de albergues da juventude na Europa. As regras e os horários de abertura variam, e para obter informações tente a Secretaria Nacional de Turismo Alemã, o Clube de Camping Alemão (DDC, Mandlstr. 28, D80802 Munique, telefone: 089 380 14 20) ou o site www.campingclub.de. Os albergues da juventude são administrados pela Associação Alemã de Albergues da Juventude (*Deutsches Jugendherbergswerk*, ou DJH), e você precisa ser membro da Associação Internacional de Albergues da Juventude para poder se hospedar em um deles. A DJH publica uma lista de todos os albergues da Alemanha, com a descrição das instalações, fotos, instruções para as viagens e o valor das taxas. O site é www.djh.de.

Finalmente, para os motociclistas, a Alemanha é membro do Motorbike Hotels International (telefone: 097 768 18 00). Esses hotéis são destinados especialmente para viajantes de moto, e seus gerentes e funcionários são também motociclistas ativos. Os hóspedes de primeira viagem recebem um "bônus" que torna a décima noite de estadia livre de pagamento.

SAÚDE E SEGURANÇA

As preocupações com saúde e segurança não devem ser maiores do que as que você teria em outros países da Europa. As instalações médicas estão entre as mais modernas do mundo. A Alemanha tem um sistema nacional de saúde (subsidiado pelo governo) e um sistema privado de seguro-saúde. Você deve rever sua apólice de seguro antes de viajar para a Alemanha para se certificar de que ela é válida internacionalmente.

Para fazer uma consulta médica, você terá de obter o Cartão de Seguro-Saúde Europeu ou um certificado de seguro. Consultas de rotina podem ser feitas com um médico local, mas estão disponíveis clínicas especializadas e leitos hospitalares no caso de acidentes ou emergências.

Os farmacêuticos têm considerável liberdade e conhecimento para recomendar medicamentos que aliviem a dor e outros sintomas, e podem oferecer remédios que não precisem ser manipulados. Eles também lidam com produtos naturais ou homeopáticos. Lembre-se de que o fundador da homeopatia, Samuel Hahnemann, era alemão. Você perceberá que remédios que em outros países precisam de prescrição médica são vendidos livremente nas farmácias alemãs.

Alguns estados alemães têm números telefônicos diferentes para os serviços de bombeiros, polícia e ambulâncias. Como regra geral, tente 110 para a polícia e 112 para os bombeiros e as ambulâncias, mas confira na lista telefônica local os números para o atendimento de emergências.

Crimes violentos são pouco comuns na Alemanha. Se você for vítima de um crime, reporte-o imediatamente à polícia. Como em qualquer parte do mundo, é bom tomar certas precauções.

Precauções úteis
- Mantenha o carro trancado. O roubo de carros vem crescendo ultimamente.
- Não perca suas bagagens de vista em lugares públicos.
- Não ande nas ruas com joias e equipamentos fotográficos caros.
- Use uma bolsa com zíper presa junto ao corpo para guardar dinheiro, sua carteira e seu passaporte.
- Tome cuidado com os batedores de carteira. Cubra a bolsa ou a carteira quando estiver no meio de muita gente, como nos carnavais ou festivais.
- Faça cópias de sua carteira de motorista e do passaporte e mantenha-as separadas dos originais.

Capítulo **Oito**

RECOMENDAÇÕES NOS NEGÓCIOS

A conduta dos negócios na Alemanha, assim como no Japão, envolve um bocado de diplomacia e protocolo. A maneira como você faz as coisas é tão importante como o que você faz. Embora cada vez mais alemães reconheçam que "a vida é curta demais" para algumas das firulas do protocolo de negócios tradicional, seus parceiros estrangeiros se veem constantemente em desvantagem por ignorar aspectos particulares da prática de negócios alemã.

A exemplo dos britânicos, os alemães focam em contratos, dados e num estilo de negócios moderadamente formal, reservado e baseado num cronograma. Esse estilo de negociação é diferente do brasileiro, menos formal e mais expressivo.

> **Aspectos culturalmente específicos dos negócios**
> - Etiqueta e protocolo no trabalho
> - Estilos de gerenciamento
> - Liderança e tomada de decisões
> - Estilos de apresentação e escuta
> - Estilos de reuniões e negociações
> - Trabalho em equipe e gestão de desacordos
> - Estilos de hospitalidade e entretenimento
> - Estilos de comunicação

Já discutimos os estilos de hospitalidade e entretenimento no capítulo 4, e examinaremos os estilos de comunicação no capítulo 9.

ETIQUETA E PROTOCOLO NO TRABALHO

Conforme já mencionado, os ambientes de trabalho alemães são muito mais formais que os observados em países de língua inglesa e no Brasil. As pessoas se chamam pelo sobrenome e realmente não demonstram muito interesse na vida pessoal dos colegas. Por outro lado, quem visita os escritórios alemães nota um estilo de vestimenta extremamente informal, por isso a chamada *casual Friday*, o costume de se vestir mais informalmente às sextas-feiras, não se aplica. No entanto, para reuniões e no trato com clientes, a regra são as roupas formais. A exceção é o casaco de inverno colorido usado por alguns executivos.

As roupas de trabalho alemãs são práticas, com preferência por peças bem cortadas e de boa qualidade. O segredo é coordenar cores, estilos e padronagens. O estilo "casual" pode implicar que a pessoa tem uma atitude também casual diante dos negócios, o que não é bom. Na dúvida, vista um terno escuro ou um blazer sóbrio e gravata. Para as mulheres, roupas clássicas são a melhor aposta na primeira reunião; terninhos são muito aceitáveis.

Não tire o blazer!
Uma pequena observação para os homens. Se você estiver numa reunião ou num workshop com gerentes alemães, não seja o primeiro a tirar o blazer. As reuniões alemãs tendem a ser bastante formais, e tirar o blazer é visto como um sinal de que o trabalho acabou e que pode prevalecer uma atitude mais relaxada!

Se você caminhar por um escritório alemão tradicional, vai notar que é um ambiente de portas fechadas e bastante quieto. As pessoas deixam as portas fechadas por uma questão de privacidade e para fazer reuniões. Se você precisar interromper, bata na porta e espere ser convidado para entrar. Você talvez esteja acostumado a procurar por fotos ou suvenires nos escritórios que lhe forneçam pistas sobre interesses pessoais e dessa forma possam ajudar em conversas triviais e na criação de bons relacionamentos. Na maioria dos escritórios alemães, contudo, as pessoas não são estimuladas a deixar fotos da família ou outros objetos pessoais em cima da mesa, assim como papéis espalhados no fim do expediente. Como vimos, é perfeitamente possível para os alemães trabalharem durante anos com os mesmos colegas sem chamá-los pelo primeiro nome ou saber muito sobre sua vida pessoal.

Uma coisa que surpreende os executivos estrangeiros são os feitos educacionais de seus pares alemães. Um CEO alemão muito provavelmente tem doutorado em sua especialidade, e, na maior parte dos locais de trabalho conservadores, isso será reconhecido. Estima-se que cerca de 40% dos chefes das cem principais empresas alemãs tenham doutorado. Um homem nessa posição seria tratado formalmente como Herr Doktor Schmidt, e uma mulher, como Frau Doktor Schmidt. Em casos extremos, em que um CEO tenha dois doutorados, ele seria tratado como Herr (ou Frau) Doktor Doktor Schmidt (um título para cada doutorado).

Em empresas mais tradicionais, é importante tratar as secretárias e os funcionários administrativos pelo sobrenome. Waltraud Schmidt é "Frau Schmidt", e não "Waltraud" ou "Val", como poderia ser no Brasil. Alguns executivos alemães, conhecedores da informalidade brasileira, chamarão você pelo primeiro nome e o convidarão a fazer o mesmo com eles, mas, em reuniões, esteja preparado para se referir a todos pelo sobrenome. Se você estiver falando alemão num ambiente de negócios do país, utilize sempre *Sie*, até ser convidado a fazer de outra forma.

Os funcionários de escritórios alemães trabalham das 8 às 17 horas, de segunda a sexta-feira, e a maioria tem uma semana de trabalho de 37 horas. Para atingir esse número, eles podem sair mais cedo às sextas-feiras, por volta das 15 horas. Os escritórios abrem cedo, mais ou menos às 7 horas, e fecham por volta das 18. Muitas centrais de atendimento fecham às 16 horas, embora você ainda possa contatar as pessoas pelo número direto além desse horário.

O direito a férias no país é no mínimo de quatro semanas ao ano, e os executivos seniores chegam a ter até seis semanas. Os trabalhadores geralmente tiram as férias todas de uma vez. Se você somar a isso os doze a quinze feriados nacionais (dependendo do estado) e as generosas licenças de saúde, de maternidade e de paternidade, não será surpresa que alguns executivos alemães sejam mais acessíveis por correio de voz do que pessoalmente. Essas ausências podem causar atraso na tomada de decisões ou na resposta a dúvidas, pois não é comum haver delegação desse tipo de coisa, em razão da compartimentalização dos negócios alemães. Os principais períodos de férias nas empresas são de maio a agosto.

Uma característica de muitos escritórios alemães é que fazer hora extra não é uma atitude bem-vista. Se você não consegue fazer seu trabalho no tempo certo, ou você é desorganizado ou sua descrição de trabalho está errada. A admiração que algumas culturas empresariais têm pela hora extra e por "varar a noite" para cumprir o prazo não é compartilhada pelos alemães.

A atitude dos alemães diante do espaço de trabalho é muito diferente da dos brasileiros, e é dominada pela necessidade de maior espaço pessoal e privacidade. Portanto, é importante não invadir o escritório ou a baia de um alemão. Por exemplo, mover a mesa para ficar mais próximo de um cliente pode ser desestabilizador para um gerente alemão.

As reuniões são marcadas antecipadamente e estritamente cumpridas. Os horários preferidos são das 11 às 13 horas e das 15 às 17 horas; evite as tardes de sexta-feira, pois as pessoas geralmente vão embora mais cedo. A pontualidade é importante, e você deve apertar a mão de todos os presentes na chegada e na saída. É comum trocar cartões de visita, que devem incluir títulos acadêmicos e informações de contato. É necessário ter uma tradução precisa de seu cargo em alemão, pois é importante na Alemanha comparar os diversos status.

Quando consideram um relacionamento com um novo parceiro, as empresas alemãs frequentemente começam com um pequeno projeto piloto. Se ele funcionar, então se torna a porta de entrada para coisas maiores. A pior coisa que um empresário estrangeiro pode fazer é tratar esse projeto piloto casualmente ou negligenciá-lo por ele não valer tanto a pena.

Os alemães acreditam mais em funções do que em relacionamentos. Por mais que sejam parceiros de negócios encantadores e cordatos, são os termos do contrato e a letra impressa que mais importam.

Os termos do contrato são considerados "cláusulas pétreas". Isso não é um problema para a maior parte das empresas americanas e europeias, mas pode ser para culturas mais orientadas a relacionamentos, em que certo grau de flexibilidade é apreciado.

ESTILOS DE GERENCIAMENTO

Nos ambientes de trabalho alemães, o estilo de gerenciamento é bastante direto. É importante ser o chefe, dar e receber ordens claramente e cumpri-las ao pé da letra. Essa, e não a interpretação criativa, é a chave para o sucesso no gerenciamento, possibilitando aos alemães coordenarem informações e projetos complexos com sucesso, ainda que à custa da flexibilidade. Você vai notar que eles vão direto ao ponto principal, sem perder muito tempo com conversas. Evite ser excessivamente expressivo. Os alemães apreciam linguagem corporal contida e o mínimo de sorrisos, os quais consideram um falso maneirismo em um cenário de negócios. Acima de tudo, é importante não fazer gracejos no ambiente de negócios. Antes e após é aceitável, mas a hora dos negócios é séria, e as brincadeiras e piadas são particularmente percebidas como totalmente fora de lugar, levando ao sentimento de que seu comportamento é inapropriado e, pior, à reputação de uma pessoa não confiável.

Uma característica do gerenciamento alemão, em contraste marcante com o brasileiro, é a falta de elogios. Para os alemães, a excelência é o padrão, portanto não espere ser elogiado por fazer seu trabalho. Os elogios, para um gestor alemão, podem ser vistos como uma forma de bajulação, e as avaliações de funcionários, tão importantes nas empresas brasileiras, são muito menos formais no ambiente de negócios alemão, podendo ser feitas por supervisores, e não por gerentes, nem em períodos fixos do ano. A recompensa por um trabalho excepcional poderá ser um dia de folga, para evitar o pagamento de impostos advindos de bônus ou outros prêmios.

As principais preocupações dos gestores alemães são o lucro e a qualidade dos produtos ou serviços. Como é de esperar, os alemães são muito rígidos com prazos, mas uma coisa que poderia justificar um atraso na entrega seria a qualidade do produto não ser percebida como satisfatória.

Todavia, produtos e serviços de qualidade não significam "serviços com um sorriso". Embora os gerentes de produtos e funcionários de serviços possam ser bastante simpáticos e agradáveis, é inquestionável que a eficiência e o charme não andam necessariamente juntos.

MULHERES NO COMANDO

As mulheres têm direitos iguais segundo a Constituição alemã, e não há discriminação baseada no sexo. Existe uma legislação para proteger os direitos das trabalhadoras que ficarem grávidas e para estimular o treinamento educacional e vocacional.

Embora as mulheres constituam 50% da força de trabalho e tenham obtido posições executivas muito altas, tanto nos negócios como na vida pública, 80% dos cargos executivos ainda são ocupados por homens. Numa extensão menor do que no Brasil, ainda existe na Alemanha o "teto de vidro" do mundo corporativo que impede as mulheres de avançarem tanto quanto os homens em termos de cargos e salários.

Para as executivas estrangeiras que forem trabalhar em empresas alemãs, é importante assegurar que sua posição e sua responsabilidade dentro da empresa jamais sejam questionadas e que os membros de sua equipe apoiem isso. Seu cartão de visita deve estampar claramente sua posição na empresa, e você deve ser capaz de indicar de forma objetiva suas áreas de especialização e responsabilidade.

No que diz respeito aos trajes femininos, é importante lembrar que os alemães são conservadores e gostam de usar roupas coordenadas. Não se vista de forma sensual nem abuse das joias, principalmente no começo. Quando você começar a conhecer melhor a empresa, vai conseguir adaptar seu estilo de roupas como desejar.

Os executivos alemães, especialmente os de mais idade, inconscientemente adotam algumas formas de cortesia em relação às mulheres. São simples gentilezas, como se levantar quando você entra, caminhar à sua esquerda ou mais próximo do meio-fio, acender seu cigarro (ou, em situações excepcionais entre a geração mais velha, beijar sua mão ao cumprimentá-la). Esses gestos devem ser aceitos graciosamente; não proceder dessa forma pode provocar constrangimentos. Se você fizer objeções a esse comportamento, é importante explicar sua posição de modo calmo e racional.

As executivas podem facilmente evitar criar um senso de obrigação ao insistir em pagar suas próprias contas. Dividir igualmente a conta é bastante aceitável e compreendido na sociedade alemã.

LIDERANÇA E TOMADA DE DECISÕES

A liderança nas empresas alemãs é bastante hierárquica. Esse é um legado da Revolução Industrial relativamente tardia no país, no século XIX e início do XX, quando a estrutura social consistia de um enorme número de trabalhadores supervisionados por um pequeno número de gerentes. Além disso, a Alemanha tem muitas empresas de pequeno e médio porte de administração familiar, cujo dono/fundador e sua família controlam as coisas de perto.

As empresas alemãs são geridas por dois conselhos separados, o *Aufsichtsrat* (conselho supervisor) e o *Vorstand* (conselho gestor). Esse último é responsável pelas operações diárias, e o primeiro, por ratificar orçamentos maiores e descrições de projetos.

Diferentemente de países em que os gestores tendem a ser formados em administração, os gestores alemães costumavam ser especialistas em engenharia. As qualificações técnicas ainda são geralmente mais respeitadas na Alemanha do que as competências pessoais, e os programas de administração e MBA são um fenômeno relativamente recente. Hoje em dia, os gestores alemães muito provavelmente terão diplomas na disciplina relevante para sua área. O gestor define os passos e os padrões de sua equipe, e espera-se que ele seja um exemplo a seguir em seu campo.

Uma característica-chave da gestão alemã é a rígida estrutura hierárquica. Os gestores alemães são muito mais orientados "de cima para baixo" do que seus equivalentes de outros países. Muitos executivos alemães que vão trabalhar em multinacionais têm dificuldade de encontrar alguém a quem se reportar e, como resultado, se sentem perdidos.

Nas empresas alemãs, a hierarquia é clara, e, quando decisões precisam ser tomadas, você não pula os níveis de gerenciamento; se o fizer, estará arriscado a ter seu gerente como inimigo e a constranger o supervisor a quem você procurou. Em uma negociação contratual, é importante respeitar o status do gerente com quem você está negociando e não entrar em discussão com outros gerentes, a menos que o faça por intermédio dele.

Mais que os americanos, porém menos que os japoneses, os executivos alemães gostam de ter tempo para refletir e consultar quando precisam tomar decisões. Visto que as empresas alemãs são bastante compartimentalizadas, é importante envolver todos os gestores interessados e discutir o assunto com eles de modo detalhado. O resultado às vezes é descrito como "paralisia da análise", na medida em que as decisões são retardadas para permitir que esse processo se realize.

Isso indica falta de habilidade, por parte dos alemães, de tomar decisões rapidamente. Indica ainda que você deve lidar com o gerente que tem a precisa responsabilidade e o status para tratar do seu projeto ou da sua proposta. Isso também leva tempo e geralmente provoca frustração. O resultado desse modo de operar pode ser que uma decisão, uma vez tomada, seja imutável. Quando surgem problemas, pode ser difícil para algumas empresas alemãs fazer correções.

ESTILOS DE APRESENTAÇÃO E ESCUTA

Os alemães respondem bem a apresentações minuciosas, baseadas em fatos e especificações detalhadas. Eles procuram obter informações sobre o histórico da situação e nem sempre reagem bem a apresentações visuais cheias de firulas. Eles gostam de sentir que aquilo em que estão se envolvendo já foi bem recebido em outros lugares, de modo que é importante incluir referências e opiniões sempre que possível. Alguns apresentadores estrangeiros podem ficar desconcertados pela extensão e pelo detalhamento das perguntas após a apresentação.

É essencial que seja feita uma apresentação lógica e clara, baseada em detalhes compreensíveis e extensivos. Se você oferecer apenas conclusões, as audiências alemãs exigirão evidências que as apoiem e que você seja capaz de apresentá-las, se lhe forem pedidas. Elas também vão esperar que você dê a fonte de todas as referências citadas, modelos de negócios usados e dados apresentados. Erros de digitação e ortografia são sinais de uma abordagem desleixada — tanto quanto sapatos gastos —, por isso revise sempre seus documentos.

> *O representante de uma empresa, abalado pela avalanche de perguntas, pelas detalhadas questões levantadas e pela discussão que se seguiu à sua apresentação, disse que sentia como se ela tivesse sido "rasgada em pedaços". "Ao contrário", disse o presidente da empresa alemã. "Se eles não tivessem gostado da sua apresentação, não teriam feito tantas perguntas!"*

ESTILOS DE REUNIÕES E NEGOCIAÇÕES

Parte fundamental das relações industriais alemãs é o Comitê de Empresa (*Betriebsrat*), o qual tem o direito de avaliar qualquer aspecto da política empresarial que afete os trabalhadores de determinada companhia. Isso inclui a política de contratações e demissões, as horas de trabalho, as férias, os pagamentos e as descrições de funções. O comitê também tem o direito de ser consultado na reestruturação de empresas. Portanto, qualquer negociador alemão terá como "ruído de fundo" a necessidade de consultas ao representante do Comitê de Empresa em qualquer decisão importante.

Empresas com mais de cinco funcionários que não ocupem cargos de gerência devem, por lei, ter um Comitê de Empresa. Normalmente se trata de um cargo voluntário, mas, em empresas com trezentos ou mais funcionários fora de cargos de gerência, a representação desse conselho é um emprego de período integral para no mínimo uma pessoa. As organizações públicas e governamentais também têm esses conselhos.

O Comitê de Empresa dificulta a demissão de trabalhadores alemães. Por outro lado, cria uma empresa mais integrada. O ambiente de trabalho alemão tende a ser mais estável que em outros países, e a fidelidade às empresas tende a ser maior. É mais provável que um trabalhador alemão fique numa empresa e faça carreira lá do que troque de trabalho a cada dois anos para mostrar um currículo dinâmico, como geralmente acontece nos Estados Unidos e em outros países.

Se os desacordos dentro da empresa aumentam a ponto de ser necessária uma demissão, essa é uma situação bem difícil de lidar. Se alguém precisar ser despedido, devem-se seguir cuidadosamente os procedimentos, incluindo a consulta ao Comitê de Empresa, que, se desejar, pode apelar contra a demissão. Os apelos são feitos a um tribunal especial de trabalho, que, se discordar dos fundamentos para a demissão, pode exigir a readmissão do funcionário ou impor uma multa por demissão indevida. Se ocorrerem demissões por causa de dificuldades econômicas na empresa, novamente o Comitê de Empresa deve ser consultado e diretrizes devem ser seguidas para a concessão de pacotes de benefícios aos funcionários demitidos. Se isso soa como um *lobby* de funcionários, lembre-se de que também existe um período de experiência na contratação que pode durar até seis meses, em que cada uma das partes pode desistir sem problemas.

As reuniões e negociações seguem uma fórmula bem conhecida para a maioria dos executivos. Há uma agenda (seguida rigorosamente), pontos de ação, definição de próximas etapas e cronogramas. O que pode ser diferente são os funcionários. Seus colegas alemães serão especialistas em seus respectivos campos, e espera-se que você também conheça sua área integralmente. "Eu lhe dou um retorno assim que souber" não é uma frase a ser usada com frequência. Diferentemente dos brasileiros, os alemães esperam ter de opinar somente sobre sua área de especialização e talvez não aceitem muito bem se questionados por um não especialista durante uma reunião.

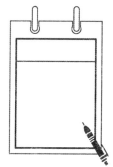

Embora os executivos de primeiro escalão possam comparecer brevemente a uma reunião ou participar da primeira, espera-se que as negociações detalhadas ocorram entre os executivos de nível médio. No entanto, a aprovação do acordo terá de passar pelo primeiro escalão, o que pode levar tempo.

Os alemães, como os japoneses, se preparam muito bem para suas negociações. Eles analisam a

própria posição e a sua e preparam contra-
-argumentos para os pontos que supõem que você
possa levantar. Quando tiverem feito a oferta
inicial, eles a mantêm, mesmo sob pressão.

Os negociadores brasileiros geralmente adotam
uma tática de barganha orientada "de cima para
baixo": começam com um ponto de partida alto
até chegar a um ponto relativamente baixo, se
necessário. Eles consideram esse modo de operar
perfeitamente justificado, na medida em que
seguem uma abordagem de "o que o mercado
suporta". Os alemães preferem começar com um
ponto de partida mais realista, barganhando até
um nível mais baixo. O fundamento por trás disso
é que os alemães acreditam num "preço justo".
Eles preferem negociar com dureza numa faixa
estreita. É importante ser realista em suas
expectativas.

A melhor coisa em relação aos negociadores
alemães é que, em todas as transações, eles
buscam uma base comum e, quando a encontram,
partem dela para a finalização do contrato e como
pano de fundo para qualquer acordo. Deduz-se
daí que, quando um alemão diz "Esse é meu
último preço", geralmente ele está falando sério.
Pressionar mais pode significar, a olhos alemães,
que você está sugerindo que seu interlocutor
alemão está trapaceando e, consequentemente,
pode gerar a perda do contrato.

A participação de advogados também causa
problemas aos alemães. Na Alemanha, acordos
verbais são considerados válidos, e a maioria das

negociações é conduzida sem advogados até a elaboração do contrato. O hábito americano de convidar advogados para participar do início das negociações pode ofender seus pares alemães.

TRABALHO EM EQUIPE E GESTÃO DE DESACORDOS

As abordagens alemã e brasileira para o trabalho em equipe contêm diferenças sutis, porém irritantes, particularmente no que se refere a seleção de equipes, resolução de problemas e tomada de decisões.

Em primeiro lugar, os alemães escolhem os integrantes de suas equipes com base na especialização e no tempo de serviço. Os brasileiros levam esses fatores em consideração, mas dão considerável importância a pessoas que conseguem realizar coisas. Elas podem não ser especialistas nem estar há tempos na empresa, e isso pode ser causa de atritos se o relacionamento não for conduzido com sensibilidade.

Outra fonte de atritos pode ser o estilo das discussões. Como vimos, é importante que os alemães entendam a natureza do tópico a partir do qual vai surgir a solução. A tendência brasileira é identificar o problema e discutir os caminhos para sua solução. A extensão da discussão para o embasamento alemão pode ser frustrante para os membros estrangeiros da equipe. No entanto, qualquer coisa menos que isso será considerado insatisfatório para os membros alemães.

Um terceiro problema nasce no planejamento de projetos e na fase de delineação de tarefas. Nesse ponto, novamente os alemães desejam entrar em discussões minuciosas, a fim de obter um plano e um sistema claros, e trocam informações detalhadas. Os brasileiros veem isso como parte do processo de finalização da tarefa e vão querer pôr a mão na massa. Os alemães rejeitam essa atitude, chamando-a de "mentalidade de caubói", de atirar primeiro e perguntar depois. No que lhes diz respeito, o importante processo de discussão dos fundamentos permite que o grupo atinja consenso sobre os objetivos e os meios, possibilitando uma implementação mais rápida.

O quarto problema surge quando cada equipe começa a trabalhar. Para os brasileiros, essa fase é marcada por muitas reuniões informais entre os grupos. Os membros alemães, no entanto, esperam levar o processo individualmente, definindo seus próprios objetivos, pesquisando e finalizando as tarefas acordadas. Para os brasileiros, aprender fazendo é um princípio fundamental. Para os alemães, um plano acordado, com o trabalho dividido para enquadrar as habilidades dos membros das equipes, é o modo mais eficiente de prosseguir.

Repentinamente, os membros estrangeiros ficam sem o contato diário com seus colegas alemães, e isso piora em virtude da aderência alemã às convenções da empresa no que diz respeito às normas técnicas escritas, às regras organizacionais, aos procedimentos de projetos etc., que os membros alemães das equipes certamente conhecem e vão seguir. Os estrangeiros talvez nem saibam da existência dessas convenções, que dirá aplicá-las.

Os alemães tendem a observar as hierarquias organizacionais e suas estruturas dentro dos grupos. Os membros brasileiros veem esses fatores como restrições a ser ignoradas durante o período do projeto. Eles encaram as decisões tomadas nas reuniões de planejamento como diretrizes a ser modificadas conforme necessário. Os alemães provavelmente as consideram obrigações.

O trabalho em equipe oferece aos estrangeiros a oportunidade de ser mais pessoais, fora da formalidade da reunião "principal". Os brasileiros costumam se queixar da falta de disposição dos alemães para discutir temas fora da programação formal de trabalho. Os alemães não entendem o desejo deles de construir um entrosamento ao discutir detalhadamente a tarefa e os acusam de fazer perguntas desnecessárias, cujas respostas já foram dadas.

No entanto, estamos falando de tendências em relação a diferentes métodos de trabalho, e não de diferenças explícitas. Significativamente, muitas dessas atitudes e estruturas rígidas estão se extinguindo, e muitas empresas de pequeno e médio porte, com funcionários mais jovens, têm uma atmosfera de trabalho mais pessoal e descontraída do que você poderia encontrar em outros lugares. Há uma nova geração de alemães que é estimulada mais abertamente pela gerência, que se dirige aos outros informalmente, que desenvolve relacionamentos pessoais no trabalho, que participa de eventos após o expediente e que não se preocupa tanto quando precisa lidar com colegas de outras nacionalidades.

Atualmente, os gestores alemães são particularmente sensíveis às necessidades de pessoas de diferentes nacionalidades em uma equipe multicultural e à melhor forma de acomodá-las. O líder de equipe estrangeiro que leve essas questões em consideração antes do início dos trabalhos e que resolva os problemas conforme eles surgirem terá sucesso garantido. Aquele que não o fizer estará arriscado a fracassar. Isso se dá particularmente em casos de fusões e aquisições. Na década de 1990, cerca de duas mil fusões e aquisições ocorreram na Alemanha com empresas estrangeiras, a vasta maioria britânicas ou americanas. No domínio das empresas de pequeno e médio porte, mais de 50% dessas fusões fracassaram. Será que aprendemos algumas lições no século XXI?

CONCLUSÃO

A Alemanha é um parceiro de negócios muito interessante, mas somente se você entender o modo alemão de fazer as coisas. Um colega alemão confiável, tal como um agente ou um parceiro de negócios, pode ser inestimável na mediação entre as duas partes numa negociação, ajudando a suavizar as relações em pontos potencialmente conflitantes.

Igualmente importante é a preparação minuciosa — não apenas da apresentação e da negociação, mas também em relação ao modo alemão de fazer negócios.

Capítulo **Nove**

COMUNICAÇÃO

IDIOMA

A qualidade do ensino da língua inglesa na Alemanha garante que praticamente todas as pessoas que você encontrar vão falar inglês de forma bastante adequada, ainda que respondam *Ein Bisschen* ("Um pouco") à pergunta "Você fala inglês?". Mas, talvez porque os alemães não sintam que os estrangeiros se esforçam para aprender a língua deles, eles responderão de modo muito mais gentil se você simplesmente os cumprimentar em alemão, com *Grüss Gott* na Baviera ou *Guten Morgen*, *Guten Tag* ou *Guten Abend* no norte.

O alemão é falado na Alemanha, na Áustria, na parte alemã da Suíça e no norte da Itália, bem como em pequenos redutos ao redor do mundo. Ele não é mais um idioma mundial, mas, no século XIX e início do XX, foi a língua do Iluminismo, das ciências, do mundo acadêmico e dos valores liberais, quando pesquisadores, pensadores e filósofos alemães lideraram o mundo. Até a década de 1990, era a segunda língua ensinada nas escolas russas, aparecendo nos menus e documentos bilíngues na Rússia até sua recente substituição pelo inglês.

Se você vir livros antigos em alemão, vai notar que eles geralmente são impressos com um tipo gótico, outrora comum, mas atualmente abandonado em favor da escrita romana padrão.

Ramo da família indo-europeia de idiomas, o alemão se desenvolveu a partir das línguas faladas pelas tribos asiáticas do norte que migraram para o oeste em 2.000 a.C. Ele está relacionado às línguas escandinavas, ao holandês e ao inglês. Estudiosos afirmam ter encontrado palavras alemãs em inscrições rúnicas em monumentos, mas o primeiro documento registrado em alemão é uma Bíblia do século VIII.

As crianças alemãs aprendem o alto-alemão padrão, ou *Hochdeutsch*, língua refinada dos povos que falam alemão, mas existem diversos dialetos regionais. Os principais são o *Plattdeutsch*, da Frislândia e das ilhas Frísias, e o *Switzerdeutsch*, dos cantões de fala alemã da Suíça. As diferenças são de sotaque e de vocabulário, com pequenas variações gramaticais. Contudo, os dialetos são mutuamente compreensíveis.

FAZENDO CONTATO

Para se comunicar, você deve fazer contato, e isso é especialmente válido nos negócios. Cartas de apresentação, seguidas de ligações telefônicas, são o método correto de fazer as coisas. Ligações de estranhos, feitas ao acaso, geralmente não são bem recebidas. Até bem pouco tempo atrás, a convenção ditava que fax ou e-mails deveriam ser seguidos pelo documento impresso enviado pelo correio, mas muitos alemães abandonaram essa prática. No entanto, vale sempre a pena conferir as expectativas de seus colegas. Os pedidos de emprego normalmente são digitados, e também se costuma pedir uma fotografia.

TELEFONES

O código da Alemanha é 49, e existem outros para cada região do país. Os códigos das quatro principais cidades são:

Berlim	(0) 30
Hamburgo	(0) 40
Frankfurt	(0) 69
Munique	(0) 89

Dentro do país, disque 0 e o código de área, e, para ligações do exterior, disque 49 mais o código de área, sem o 0. Para ligar para fora da Alemanha, você normalmente disca 00 antes do código do país.

Para consultas sobre números da lista telefônica dentro do país, disque 11833; para consultas de listas telefônicas no exterior, disque 11834. Você também pode utilizar a lista telefônica (*Fernsprechbuch*) para obter números residenciais ou as Páginas Amarelas (*Gelbe Seiten*) para números de empresas.

O sistema telefônico na Alemanha é administrado pela Telekom, que controla a rede, mas, a exemplo do que ocorre no Brasil, há sistemas alternativos e possivelmente mais baratos, como é o caso da Arcor (disque 01070 antes do número para o qual quer ligar), da TelDelfax (01030) e da Viatel (01079). Você pode escolher um serviço discando o código apropriado antes do número para o qual está ligando.

Você vai notar que os telefones públicos operados com moedas estão sendo tirados de circulação e substituídos por cartões telefônicos, vendidos em lojas de telefonia ou tabacarias. Você também poderá encontrá-los em máquinas automáticas nas principais estações.

Ligações internacionais podem ser feitas em postos dos correios — dirija-se às cabines marcadas com *Auslandsgespräche* (ligações internacionais). Esse tipo de ligação também pode ser feito de telefones públicos, com cartões de chamadas internacionais ou cartões de crédito. Você também vai encontrar muitas instalações disponíveis com acesso à internet. Evite fazer ligações de quartos de hotel ou de restaurantes. As taxas são muito altas, e sua conta telefônica pode ultrapassar as despesas que você vai ter com o próprio quarto!

Quando os alemães atendem o telefone, normalmente falam apenas o sobrenome deles. Quando você se identificar, use a forma alemã padrão de fazer isso, que é *Hier spricht Barry* ("Aqui é o Barry"). Como ter certeza de que a pessoa já não está dormindo quando você liga à noite? Não ligue após as 22 horas, a menos, é claro, que você conheça os hábitos de seu interlocutor.

CORREIO

O serviço de correio ainda é importante na Alemanha. Você vai ver caixas de postagem amarelas com o símbolo da corneta postal do correio alemão por todo o país, e, em rodovias que cruzam regiões montanhosas, vans amarelas passando rapidamente após entregarem encomendas nos vilarejos serranos. As unidades dos correios abrem das 8 às 18 horas, de segunda a sexta-feira, e das 8 ao meio-dia aos sábados. Nas estações e nos aeroportos, elas podem ficar abertas por mais tempo e até funcionar aos domingos. Como já era de esperar, o sistema de postagem alemão é eficiente, seguro e confiável, e a entrega em 24 horas normalmente ocorre para cartas postadas antes das 9 horas nas unidades de correio maiores.

De modo geral, há uma entrega postal por dia. Você pode comprar selos nas unidades dos correios, em máquinas localizadas do lado de fora (o troco é dado em selos) ou em bancas de jornal.

As unidades dos correios estocam envelopes e materiais para a embalagem dos pacotes. Elas também vendem diversos artigos e serviços para aumentar sua receita. Entre eles, incluem-se brinquedos e objetos postais destinados a colecionadores, serviços de envio de presentes e flores, venda de bilhetes de loteria e ingressos para concertos ou peças de teatro. Você pode pagar contas de água, luz, gás e telefone, manter uma conta-corrente na instituição, transferir dinheiro e executar várias outras funções associadas a bancos. Os correios também podem retirar a correspondência no local para você. Para mais detalhes sobre o serviço postal alemão, contate este site: www.deutschepost.de.

ESTILOS DE COMUNICAÇÃO

Os alemães valorizam a comunicação verbal clara e focam muito mais no conteúdo que no relacionamento. Isso é particularmente verdadeiro nos negócios. Para os brasileiros, que também focam no conteúdo, mas colocam cada vez mais ênfase nos relacionamentos, esse estilo de comunicação pode parecer excessivamente sério. Apesar disso, há muito mais pontos em comum entre os jovens alemães e a juventude de outros países, educada num contexto de cultura popular internacional.

Outro fator que influencia o estilo de comunicação alemão é o ensino. De modo geral, os alemães de classe média são ensinados a ser claros, realistas e bastante analíticos. Isso indica que eles levam as coisas a sério e aceitam que, se um tema é importante, pode ser complicado. Enquanto a ideia fundamental da comunicação em outros países são a clareza e a simplicidade, a comunicação alemã é, com frequência, academicamente precisa e complexa. Consequentemente, os alemães muitas vezes se queixam de que os comentários dos estrangeiros são simplistas, ao passo que estes reclamam que os alemães são desnecessariamente complicados.

Os alemães buscam a objetividade e podem fazer isso de modo feroz. Nesse processo, suas tentativas de chegar à verdade e de examinar as questões detalhadamente podem parecer exigentes ou mesmo agressivas. Como vimos no capítulo 8, as apresentações podem ser seguidas de um questionamento investigativo, se consideradas seriamente. O foco no conteúdo e o esforço para analisar os pontos-chave indicam que a discussão poderá ser bastante vigorosa. Novamente, não assuma que as pessoas estão bravas; trata-se do tom de uma discussão animada. Quando a discussão terminar, o tom voltará ao normal. Os estrangeiros às vezes ficam chocados pelo que pensam ser uma expressão de fúria dirigida a eles particularmente, mas isso não é verdade. A lição é: não leve para o lado pessoal.

A mesma coisa pode acontecer na comunicação escrita, especialmente em e-mails. Os alemães se expressam firmemente e são enérgicos quando não concordam com um argumento, e depois ficam surpresos pela frieza da resposta que recebem de seus colegas estrangeiros.

> *Um gerente britânico propôs a seu colega alemão que fosse oferecido um desconto à filial da Suíça, e ficou surpreso pela resposta exagerada vinda da Alemanha, não somente lhe informando em termos claros que isso era inapropriado, mas lhe fornecendo uma análise do relacionamento que deixava claro que esse tipo de decisão não fazia parte de sua alçada ou de sua responsabilidade. O executivo britânico se sentiu tratado de forma grosseira e rude e foi bastante frio na próxima vez em que encontrou o colega alemão. Este, por sua vez, continuava sendo o mesmo homem agradável e ficou um pouco receoso de que o colega britânico estivesse tendo um dia ruim. O executivo britânico teria sido muito mais educado se precisasse dizer a seu colega alemão para "não se meter".*

PERDAS NA TRADUÇÃO

A franqueza alemã afeta diretamente o uso da língua. Enquanto brasileiros e falantes de inglês comumente amenizam a franqueza de sua comunicação utilizando expressões como "será que", "poderia" ou "talvez", os alemães amplificam a franqueza da comunicação e utilizam o que parece a nossos ouvidos uma linguagem bastante forte. Até mesmo em inglês, eles empregam palavras como "definitivamente" e "absolutamente", muito mais do que nós usaríamos.

Ao mesmo tempo, os alemães não veem nenhuma razão para dar ordens de forma mais suave. As secretárias executivas estrangeiras que trabalham em empresas alemãs levam um tempo para se acostumar com a objetividade dos alemães, que entram em suas salas e simplesmente dizem: "Me dê aquele arquivo, por favor", em vez de "Oi, Carol, tudo bem? Você poderia me dar aquele arquivo, por favor? Muito obrigado". Para um alemão, a "enrolação" social é uma perda de tempo.

Os falantes de inglês tendem a evitar termos como *must* ("tem de") e *should* ("deveria"), pois eles podem ser ofensivos. Os alemães geralmente não percebem isso e, ao traduzir *müssen* e *sollen* diretamente para o inglês, podem, de forma não intencional, parecer mandões. Ao mesmo tempo, os alemães não se esquivam de uma contradição direta. *Doch*, o equivalente alemão ao "Sim, mas...", normalmente é utilizado para contradizer diretamente o que acabou de ser dito. Um estrangeiro talvez desse crédito ao pensamento anterior, dizendo algo como: "Entendo o que você quer dizer, mas...", antes de expressar desacordo ou de contra-argumentar.

É importante reconhecer, na comunicação com os alemães, que o que consideramos grosseiro ou sem consideração pode ser perfeitamente aceitável no discurso alemão. Se você está a ponto de achar que algo dito ou escrito foi ofensivo, pergunte antes de ficar furioso. Se um e-mail ou carta o aborrecer, pegue o telefone e questione qual o seu significado antes de responder com raiva ou críticas. Lembre-se de que os alemães focam muito mais na comunicação do que na pessoa, ao passo que, para os brasileiros, a pessoa é tão importante quanto a comunicação.

SERIEDADE E HUMOR

A presença de espírito e as réplicas engenhosas dos alemães podem ser rápidas e muito engraçadas. No entanto, eles não consideram que se deva fazer gracejos para transmitir uma mensagem. Pelo contrário, no mundo dos negócios, eles consideram isso muito desestabilizante. Nas escolas e universidades alemãs, os alunos aprendem a ser tão objetivos, sérios e impessoais quanto possível. Isso continua na vida adulta. A atitude alemã é que, em se tratando de negócios, o assunto deve ser abordado seriamente, e a prática brasileira de contar piadas para quebrar o gelo pode facilmente ter o efeito oposto nos tomadores de decisões alemães.

Repito, as atitudes podem variar entre os membros mais jovens e os mais velhos do grupo, mas esteja ciente de que geralmente o humor é bem-aceito entre as reuniões, não durante elas.

ANÁLISE E DETALHES

O modo alemão de resolver um problema é, primeiramente, analisá-lo detalhadamente. A abordagem anglo-americana é mais pragmática: elaborar uma hipótese e encontrar uma solução. Obviamente, a análise entra em ambos os processos, mas os alemães são ensinados a fazer isso muito mais integralmente e com muito mais detalhes. Isso é treinamento escolar no trabalho. Os alemães têm até uma palavra para essa atitude — *vertiefen*, ou seja, aprofundar-se. Na realidade, isso representa uma convicção de que as coisas não são simples; os tópicos precisam ser analisados e perseguidos consistentemente até que estejam claros. A questão envolve falar com precisão, definir problemas com exatidão e ser literal e científico no enfoque. Significa ainda pensar no tópico até obter um resultado. Essa busca determinada pela verdade pode se tornar bastante confrontadora.

Essa abordagem analítica não se limita aos negócios. Trata-se de um estilo de vida. Os amigos alemães esperam falar de política, filosofia e atitudes perante a vida e as questões sociais. Eles esperam clareza e vão reprovar amigos que, segundo eles, não estejam refletindo direito sobre as coisas, estejam se comportando de maneira inconsistente ou se deixando levar. Eles valorizam a franqueza e a honestidade dos argumentos e não vão "aliviar a barra" do outro pelo simples fato de serem amigos.

Os alemães às vezes ficam desapontados com os visitantes estrangeiros, com quem consideram difícil ter uma conversa realmente profunda. Eles consideram a constante mudança de assuntos algo superficial e descuidado, e não gostam da necessidade de dizer as coisas educadamente e de não provocar ofensas. Para os turistas, os alemães parecem perfeccionistas, elitistas e, para usar uma expressão cunhada por um filósofo e psicólogo alemão, determinadamente "anais". Essa é a receita para mal-entendidos entre as culturas — a menos, é claro, que você entenda a bagagem cultural de seu colega.

HONRA

Aqui há outro problema entre as culturas. Uma das razões pelas quais as crianças alemãs são ensinadas a tomar cuidado com a linguagem é que o que elas dizem representa sua honra. Os alemães valorizam muito o fato de fazerem o que dizem que vão fazer, segundo as regras estabelecidas, e nada mais. A ideia de exagerar suas qualificações ou citar seus sucessos para promover seu currículo e assim obter um trabalho melhor é inaceitável pelos padrões alemães de honra e objetividade. "Ter opções" não é necessariamente algo honrado para um alemão. Este é um país em que os acordos verbais são compromissos morais. A palavra alemã implica uma obrigação.

Um comportamento honrado implica cumprir seus compromissos. Isso é importante na comunicação dos negócios. É vital que os negociadores estrangeiros sejam muito claros sobre o que foi e o que não foi acordado. Não é incomum que acordos fracassem porque o que o estrangeiro considerou como "pensado em voz alta" foi considerado por seus parceiros alemães como um compromisso. Os alemães podem não perdoar o que veem como falta de confiança ou de credibilidade. Um exemplo da confusão social que pode acontecer é o uso de frases como "Eu te ligo" ou "Vamos almoçar juntos" como expressões de boa vontade. Os alemães as consideram compromissos e ficam aborrecidos se eles não forem cumpridos.

Um meio honrável de se expressar é ser o mais claro e o menos ambíguo possível. Um modo de fazer isso é buscar a objetividade impessoal em sua fala. Existe até uma palavra para isso — *Sachlichkeit*, objetividade. Você a alcança pelo uso da voz passiva (*man kann*, pode-se) e, acima de tudo, dizendo o que realmente quer dizer e se comprometendo com o que diz. Os alemães são cautelosos diante de pessoas que reagem de forma pessoal quando suas opiniões são atacadas e consideram suspeita a ideia de não provocar conflitos e de "manter as coisas num patamar amigável". Também interpretam o estilo "confessional" de revelar informações pessoais na busca de pontos em comum como algo chocante e por vezes degradante.

CONVERSAÇÃO

Para que você não pense que os alemães de modo geral são prosaicos, entediantes e preocupados com minúcias, finalizo a discussão com uma menção ao *Gemütlichkeit* — uma atmosfera alegre ou confortável. No lugar e na hora certos, sempre fora do trabalho, os alemães apreciam uma conversa prazerosa e relaxada, que descrevem como *Unterhaltung*, acompanhada de bebidas ou comida. Trata-se de uma abordagem muito mais leve que o viés analítico das discussões apresentado anteriormente. Seja em casa, num *Bierstube* ou num restaurante, a conversa é descontraída, repleta de humor e companheirismo — outra faceta dos "sérios" alemães.

LINGUAGEM CORPORAL

Alguns cientistas sociais afirmam que até 80% da comunicação é não verbal. Eles provavelmente não estudaram os alemães, que tendem a ser reservados e introvertidos e tentam não chamar atenção para si mesmos. As expressões faciais geralmente são menos claras que as dos brasileiros, e os sorrisos são reservados para os familiares e amigos íntimos, embora os alemães gostem do perfil alegre da vida brasileira. A postura tende a ser correta. As crianças alemãs ainda são ensinadas a se sentar de modo ereto, e posturas relaxadas, embora adotadas pelos jovens, não são bem-vistas.

Alguns gestos alemães
- O equivalente alemão a cruzar os dedos para desejar sorte é pressionar os polegares. Se um alemão diz: "Vou pressionar os polegares por você", está querendo dizer "Boa sorte". Essa frase pode ser acompanhada de um punho fechado com o polegar para dentro.
- A exemplo dos britânicos, os alemães batem na lateral da cabeça com o indicador para dizer que uma pessoa é "louca".
- Um engano que pode lhe custar dinheiro: se você erguer o indicador em um bar para pedir uma cerveja, pode receber duas. Os alemães começam a contagem com o polegar, não com o indicador.
- O mais surpreendente: quando você terminar uma apresentação numa reunião, em vez de aplausos, poderá escutar um ruído ressonante, pois os alemães batem na mesa com os nós dos dedos em sinal de apreciação.
- As crianças às vezes esticam o polegar entre o indicador e o dedo médio com o punho fechado. Não as deixe fazer isso na Alemanha; trata-se de um gesto obsceno.

A antiga piada de que na Alemanha você aperta a mão de qualquer coisa que se mova, sempre que ela se mover, significa que você deve realmente apertar a mão de todos os presentes, tanto na chegada quanto na saída.

Assim, a linguagem corporal na Alemanha é menos expressiva que no Brasil, e os turistas e negociadores devem usar moderação em sua linguagem corporal, conforme o que observam à sua volta. Dito isso, a exemplo de qualquer outro país, a Alemanha tem suas peculiaridades.

CONCLUSÃO

Um observador experiente da cultura europeia disse certa vez: "Se você vir algo que o surpreenda, o enfureça ou que considere completamente ridículo, talvez esteja na presença de uma característica cultural". Ele também disse que as pessoas que exibem as maiores diferenças culturais podem ser as mais parecidas fisicamente com você. Para a maioria dos americanos caucasianos, dos britânicos e dos europeus do norte, os alemães efetivamente se parecem com eles, mas devemos ter cuidado para não assumir que, simplesmente por causa disso, todos esses povos se comportam da mesma maneira. Se você ficar aborrecido por alguma coisa que lhe disseram ou fizeram, respire fundo e não reaja imediatamente. Se você perguntasse às pessoas por que elas se comportaram ou disseram coisas de determinada maneira, nove entre dez vezes a explicação seria completamente inócua. Grande parte da criação de consciência cultural consiste em não permitir que atitudes que não lhe sejam familiares perturbem você. Observar, escutar, sentir e então falar é o modo de construir e desfrutar boas relações com o povo desse país tão dinâmico e tão rico culturalmente.

Apêndice: Vocabulário básico

Placas

Abfahrt
Partida

Aukunft
Chegada

Ausfahrt
Saída (para veículos)

Ausgang
Saída (a pé)

Besetzt
Ocupado

Damen/D
Senhoras

Drücken
Empurre

Einfahrt
Entrada (para veículos)

Eingang
Entrada (a pé)

Frei
Livre, vago

Gefahr
Perigo

Geschlossen
Fechado

Herren/H
Senhores

Kein
Não (Kein Eingang, não entre)

Notausgang
Saída de emergência

Offen
Aberto

Polizei
Polícia

Rauchen verboten
Proibido fumar

Toiletten
Toaletes

Umleitung
Desvio

Verboten
Proibido

Ziehen
Puxe

Zoll
Alfândega

Frases

Auf Wiedersehen
Tchau

Bitte, Bitte schön
Por favor (também usado para "Não há de quê/Foi um prazer" e "Posso ajudar?")

Danke, Danke sehr, Dank schön, Vielen Dank
Obrigado

Entschuldigen Sie, Verzeihung
Desculpe/Com licença

Guten Abend
Boa noite

Guten Aufenthalt!
Tenha uma estada agradável!

Guten Morgen
Bom dia

Gute Nacht
Boa noite

Guten Tag
Bom dia (cumprimento usado o dia todo)

Haben Sie Zimmer frei?
Você tem quartos vagos?

Ich verstehe (das) nicht
Eu não entendo

Ist hier frei?
Este assento está vago?

Ja
Sim

Nein
Não

Sprechen Sie Englisch?
Você fala inglês?

Viel Spaß!/Viel Vergnügen!
Divirta-se!

Vorsicht!/Achtung!
Cuidado!

Wann...?
Quando...?

Wie bitte?
Perdão? Queira repetir?

Wieviel kostet...?
Quanto custa....?

Wo ist...?
Onde fica...?

Wo kann ich telefonieren?
Onde há um telefone que eu possa usar?

Leitura recomendada

Há muitos livros sobre os diferentes aspectos da Alemanha. Segue uma pequena lista com alguns títulos para começar:

CRAIG, Gordon A. *The Germans*. Londres: Penguin, 1991.

DAWES, Nick. *Living and Working in Germany*. Londres: Survival Books, 2000.

FULLBROOK, Mary. *A Concise History of Germany*. Cambridge: CUP, 1991.

JONES, Alun. *The New Germany: A Human Geography*. Chichester: John Wiley & Sons, 1994.

MCLACHLAN, Gordon. *The Rough Guide to Germany*. Londres: Rough Guides, 2001.

NEES, Greg. *Germany*. Yarmouth, Maine: Intercultural Press, 2000.

PHILLIPS, Jennifer. *In the Know in Germany*. Nova York: Living Language, 2001.

SCHULTE-PEEVERS, Andrea et al. *Lonely Planet: Germany*. Melbourne, Oakland, Londres, Paris: Lonely Planet Publications, 2002.

Índice remissivo

Acampamento, 123
Acomodações, 106, 122-23
Adenauer, Konrad, 28
Alemanha Ocidental (República Federal da Alemanha), 27-28, 29
Alemanha Oriental (República Democrática Alemã), 27, 28-29
Alemão (idioma), 70
Alpes Bávaros, 14
Amizades, 65
Análise e detalhes, 158-59
Aniversários, 60
Ano-Novo, 51, 54
Apresentações, 138-39, 162
Áustria, 23, 24
Autoestradas (*Autobahns*), 112, 115
Autoridade, 47

Bancos, 97-98
Beber e dirigir, 117
Bebidas, 71, 72, 100-2
Berlim, 27, 29, 31, 33
Bismarck, Otto von, príncipe, 12, 24-25
Boas maneiras, 73
Bonaparte, Napoleão, 20, 22
Bondes, 113, 115, 120-21
Bonn, 31
Bremen, 33
Brindes, 71, 103
Bundestag (Parlamento), 30, 32, 34

Campo, atividades no, 109
Carlos Magno, 18-19, 62
Carnaval (*Karneval*), 55-56
Carro, viagens de, 112-13
Carteira de motorista, 117-18
Cartões de crédito, 97, 98
Cartões de visita, 131
Casa própria, 76
Casamentos, 60-61
Católicos, 30, 50, 55, 62, 63
Cavaleiros Teutônicos, 22, 62
Celebrações históricas, 61-62
Celtas, 16, 17
Cerveja, 100, 101, 103, 117
Cervejarias, 91, 104
Chanceler, 32
Cidades, 10, 31-32
Clareza (*Klarheit*), 39-41, 158
Clima, 10, 16

Clubes, associando-se a, 70
Colônia (*Köln*), 31, 56
Comemorações em família, 60-61
Comida, 54, 71, 82-83, 95, 98-100
Comitê de Empresa, 139-41
Composição étnica, 10, 30
Composição familiar, 10
Compras, 95-96
Comunicação, estilos de, 153-55
Comunidade Econômica Europeia (CEE), 28
Condições de vida, 78-79
Consciência ecológica, 76-78
Contatos, fazendo, 149-50
Contratos, 132
Conversação, 161
Convites para ir à casa de amigos, 70-71
Correio, 152-53
Crimes, 124-25
Cultura
  erudita, 106-8
  popular, 108
Cumprimentos, 67
  em lojas, 68-69

Decisões, tomada de, 137-38
Democracia, 34, 35
Dever, 42, 44-45
Dia de Reis, 51, 54-55
Diversão, 71-72
Domingos, fechamento aos, 97
Dortmund, 31
Dresden, 33
Düsseldorf, 31, 33, 56

Economia, 15, 28
Educação (ensino), 37, 82, 86-88, 129, 136, 157
Eficiência, 36
Eletricidade, 11
Eletrodomésticos, 80-81
Emergência, telefones de, 124
Erfurt, 33
Esportes, 65, 109-11
Essen, 31
Estados (*Länder*), 29, 30, 32, 33
Estilos de gerenciamento, 132-34
Estilos de reuniões e negociações, 139-43
Estilos de vida, alteração nos, 92-93
Estrangeiros, atitudes com, 69

Ética do trabalho, 45-47
Etiqueta e protocolo no trabalho, 127-32
Expediente, horário de, 66, 94, 130

Familientreffen (grande reunião familiar), 61
Feiras, 59
Feriados, 50-57, 94, 130
Férias, 66, 94, 130-31
Festividades, 50-59, 106
Floresta Negra (*Schwarzwald*), 14
Föhn (vento), 16
Frankfurt-am-Main, 31-32, 33
Frederico, o Grande, 23
Frederico Guilherme, o Grande Eleitor, 23

Garçons/garçonetes, 104-5
Gastarbeiter ("trabalhadores convidados"), 30
Geografia, 13-15
Goethe, Johann Wolfgang von, 44
Gorbachev, Mikhail, 28-29
Gorjetas, 105
Governo, 11, 32, 34
Guerra dos Trinta Anos (1618-1648), 19-20, 21, 63
Guerra Franco-Prussiana, 24
Guerra Fria, 27, 35
Guilherme I, Kaiser, 24
Guilherme II, Kaiser, 25

Habsburgo, 20, 63
Hamburgo, 31, 33, 108
Hanôver, 14, 33, 59
Heidelberg, 31
Heimat (terra natal), 74-75
Hermann (ou Armínio), 17
Hitler, Adolf, 25, 26
Hohenzollern, 22-23
Holocausto, 26
Honra, 159-60
Hotéis, 122
Humor, 157

Identidade, carteira de, 81-82
Império Carolíngio, 18-20
Império Romano, 17, 18
Influência americana, 34-35
Informações turísticas, 105, 122

Junkers, 22, 23

Kaffee und Kuchen (café e confeitaria), 71, 82-83
Kiel, 33

Lagos, 15
Lazer, 105-6
Lei Fundamental (*Grundgesetz*), 32
Leipzig, 31
Liderança, 136
Liga Hanseática, 20, 59
Limites, 83-84
Linguagem, 10, 70, 148-49
  du e *Sie*, 68
  perdas na tradução, 155-57
Linguagem corporal, 161-63
Lüneburger Heide, 13
Luteranismo, 46
Lutero, Martinho, 20, 22, 46, 63

Magdeburgo, 33
Mainz, 33, 56
Mídia, 11
Mobília, 79-80
Moeda, 10, 35, 97
Motocicletas, 123
Mulheres
  no comando, 134-35
  papel das, 84-85
Multas de trânsito, 116-17
Munique (*München*), 31, 33, 55-56, 103
Muro de Berlim, 28, 29, 39, 93
Música, 106-7

Nacional-Socialismo (Nazismo), 25
Natal, 50, 51, 52-54

Oberammergau, 61-62
Oktoberfest, 58-59, 105
Ônibus, 113, 120-21
Ópera, 107, 108
Ordem, 36-39
Otan, 27

Pacto de Varsóvia, 27-28
Parques temáticos, 106
Partidos políticos, 34
Páscoa, 51, 56-57
Passaporte, 81

Pedestres, 114, 118
Planejamento, 37, 38
Plano Marshall, 28
Polícia, 116
Ponte Aérea de Berlim, 27
Pontualidade
 no lazer, 71
 nos negócios, 131
População, 10, 12
Potsdam, 33
Presentes, 72-73
Presidente, 32
Primeira Guerra Mundial, 25, 26
Protestantismo, protestantes, 20-21, 22, 30, 46, 50, 62, 63
Prússia, 21-25, 30, 46
Pubs, 91

Rádio, 89
Reclamações, 90
Reforma, 20-21, 46, 63
Regiões, 74, 75
Religião, 11, 20-21, 30, 46, 50-57, 62-63
República de Weimar, 25
Restaurantes, 98-100
 etiqueta nos, 102-4
Reunificação, 28-29, 31
Riefenstahl, Leni, 110
Rios, 14-15

Saarbrücken, 33
Sacro Império Romano, 13, 20, 21, 23, 62, 63
 sacro imperador romano, 18-20, 63
Saúde, 123-24
Schiller, Friedrich, 44

Schwerin, 33
Segunda Guerra Mundial, 26
Separação público/privado, 48, 49, 64-65
Sexualidade, 108-9
Silêncio, horário de, 77
Son et lumière, 61
Stammtisch, 91-92
Status, 47, 49
Stuttgart, 31, 33

Táxis, 121
Teatro, 107, 108
Telefone, 11, 150-52
Televisão, 11, 88-89
Terceiro Reich, 25, 26-27
Trabalho em equipe e gestão de desacordos, 143-46
Trânsito, bom senso no, 114-15
Transporte, 112-21
Tratamento, formas de, 67, 68
Trens, 113, 119-20

União Europeia, 12, 49
Unificação (1871), 13

Verdade, 41-42, 43
Vestimenta, 127-28, 135
Vida comunitária, 77
Vida diária e rotinas, 82-83
Vídeo/TV, 11
Vinhos, 71, 72, 100, 102

Wagner, Richard, 44
Wiesbaden, 33

Zona do Euro, 35, 97